Cette fin du monde nous aura quand même donné de beaux couchers de soleil

48 vues | Julien Gester

2 voix | Jakuta Alikavazovic

Trois phrases

À propos du regard, je pense souvent à trois phrases que j'ai lues. Chacune sonne juste, mais, dans leur justesse, elles semblent mutuellement s'exclure. Les voici :

> "Il n'y a pas d'autre sujet que l'irruption
> de la lumière sur la rétine."
> "On ne voit pas qu'avec les yeux : on voit
> avec tout ce qu'on sait."
> "Un regard est déjà une intervention ;
> une scène vue est déjà une scène modifiée."

L'irruption de la lumière

Je bois du café dans une tasse noire et brillante, la tasse que je choisis toujours dans le placard ou sur l'égouttoir, car elle est, dans sa noirceur et sa brillance, comme un bout de nuit, un bout de mon propre sommeil qui m'accompagne dans la journée, et je pense au problème de la vision. Un regard est déjà une modification ; une scène vue est déjà une scène modifiée ; on ne voit pas qu'avec les yeux : on voit avec tout ce qu'on sait, c'est-à-dire qu'on voit avec la pression que causent, sur le nerf optique, son propre tempérament et tous les siècles passés. Un regard est déjà un geste et, à une époque, on corrigeait les tableaux des siècles précédents pour les refaire, les mettre davantage à notre goût, c'est-à-dire les rendre plus agréables à notre œil et à ses (nos) attentes. Ainsi de ce tableau de Guido Reni, dit Le Guide, peintre italien mort en 1642, fortement influencé par l'homme du clair-obscur, Le Caravage : quelques décennies plus tard, on demande à un autre peintre, Carlo Maratta, né en 1625, de couvrir une nudité désormais jugée inacceptable sur la toile. C'était chose fréquente alors, et de nos jours aussi, sans doute, que le regard (le jugement) d'une époque cherche à redresser la précédente – c'est-à-dire à coloniser le passé, à accomplir cet acte impossible, obscène, dont l'obscénité est pourtant l'un de nos plus grands et de nos plus beaux rêves : être là où nous ne sommes pas, où nous ne pouvons pas être. Remonter le temps.

Il ne s'agissait pas que de couvrir des sexes admissibles pour un siècle et inadmissibles pour un autre. On ajoutait d'autres choses, aussi. On les ajoutait, pourrait-on dire, par association d'idées, par souci d'explicitation. On ajoutait des vaches au pré, pour faire bucolique. On ajoutait des couchers de soleil, pour la poésie, c'est-à-dire, je suppose, la mélancolie. On ajoutait des couchers de soleil pour faire davantage fin du monde. "Coucher de soleil = fin du monde", c'est l'une des équations les plus fiables de cette science capricieuse qu'est la métaphore. La métaphore est une forme particulièrement élaborée de regard puisque, par elle, une chose en vaut une autre. Ce qu'on voit, ce n'est pas ce qu'on voit, ou alors on n'a rien vu. La métaphore, en nous emmenant ainsi d'un point A à un point B, est un moyen de transport quasi instantané (à peine le coucher de soleil a-t-il frappé la rétine que nous voilà pensant "fin du monde", que nous voilà transportés à la fin du monde). Rien de plus efficace, en ce sens, qu'un coucher de soleil. D'une efficacité telle qu'elle engloutit tout le reste, qu'elle écrase toute signification alentour. À bannir, donc, de toutes ses forces. “Les couchers de soleil, c'est pour les cons”, disait je ne sais plus qui, peut-être tout simplement la personne qui dort encore dans la pièce d'à côté tandis que moi, je bois du café noir dans une tasse noire. La personne qui dort encore dans la pièce d'à côté, n'étant pas à l'abri de la contradiction, a récemment acquis une chemise que je suppose hautement inflammable, puisque entièrement tissée de fils issus d'hydrocarbures, et cette chemise arbore toutes les couleurs (nombreuses, si nombreuses, trop nombreuses) d'un coucher de soleil hors pair. Oui, la personne qui dit “les couchers de soleil, c'est pour les cons” porte de temps à autre, à mon désarroi, un coucher de soleil synthétique sur le dos. Cette chemise (ou la personne qui la porte, et qui dort plus que moi) transforme n'importe quel repas, n'importe quelles courses au supermarché, n'importe quel bâillement ou haussement d'épaule, en apocalypse. Cette chemise (ou la personne qui la porte) est une mangeuse de mondes.

Lorsque je me plains de la chemise – ce qui arrive car, après tout, c'est moi qui dois la subir (le seul endroit d'où l'on ne voit pas un vêtement hideux, c'est de l'intérieur de ce vêtement hideux) –, je n'ai jamais droit qu'à une seule réponse. La Californie me manque, dit la personne qui dort et qui n'a, à ma connaissance, jamais mis les pieds en Californie.

Tout ce qu'on sait

Oui, plus j'y pense et plus cela me paraît fou (et drôle, et grotesque) : on ajoutait des couchers de soleil à l'envi, pour la poésie. C'est-à-dire la mélancolie. C'est-à-dire la fin du monde. Toutes ces valeurs – poésie, mélancolie, fin du monde – ont été écrasées par le kitsch de ces ajouts. Pour nous, pour notre époque, bien entendu, la question ne se pose pas en ces termes, puisque la fin du monde n'est pas tant devant nous qu'elle est partout. La fin du monde est dans l'air que nous respirons. Elle ne progresse pas partout au même rythme – dans certains pays, comme dans certains poumons, son avancée est plus rapide qu'ailleurs. Dans certains pays, comme dans certains poumons, elle a déjà eu lieu.

Comme tout un chacun (c'est ce que je me plais à croire), je parle de choses que je ne connais pas. En ce sens, mes pensées sont aussi synthétiques que la chemise hideuse. Mieux vaut revenir à Maratta, l'homme à qui on avait demandé de voiler un corps nu, peint par Reni. Il fut, raconte-t-on (je tiens cette anecdote, et donc la rêverie qu'elle suscite, d'une restauratrice de tableaux, Sarah Walden, dont l'une des techniques secrètes est la narration, c'est-à-dire l'écriture), si contrarié par cette mission, sans doute diplomatiquement, stratégiquement impossible à refuser, qu'il retoucha le tableau de son aîné à la détrempe, afin que l'ajout pût être enlevé plus tard, sans dommages pour l'œuvre d'origine. Nous aurions sans doute gagné à être plus marattiens, dit la personne qui dort.

Une scène modifiée

Quand je regarde des images de gens inconnus de moi, prises dans des lieux inconnus de moi, mon simple regard ensemence quelque chose en eux. Ainsi, si je regarde une jeune femme anonyme franchir un rideau de plastique, mon œil met dans sa tête des pensées qui sont les miennes. Comment se débarrasser de la chemise hideuse ? pense par exemple, à l'autre bout du monde, il y a quatre ou cinq ans (et en même temps *ici, maintenant*), cette personne qui écarte de la main un ruban transparent et qui n'entendra jamais le son de ma voix, qui ne saura jamais que j'existe – du moins, pas autrement que comme un fait abstrait, aussi synthétique que ce rideau de plastique transparent, frontière incertaine entre le dedans et le dehors.

L'œil du chat

Mon chat a un problème à l'œil droit. Sa pupille est dilatée constamment et ne réagit plus aux variations de lumière. Le vétérinaire affirme qu'il y voit clair. Mais l'œil droit de mon chat semble plongé dans une nuit perpétuelle, alors que l'autre, le gauche, est toujours vert vif, toujours réactif. Je me demande à quoi pense cette même jeune femme, celle qui pousse d'une main un rideau de plastique, lorsque c'est mon chat à l'œil malade qui la voit, et non moi. J'imagine qu'elle ne pense plus du tout à la chemise multicolore, que cette chemise est le cadet de ses soucis. Ça n'a l'air de rien, ou d'une digression, mais encore une fois c'est la question de la vision qui se pose : que voit l'autre ? Pas l'autre époque, en l'occurrence, mais l'autre espèce. Je ne saurai jamais ce que voit mon chat, dont la moitié de la tête appartient désormais à la nuit.

Une joie sauvage

Si je m'astreins à la lucidité, je dois l'admettre : je me moque des siècles passés mais je suis comme eux. Je ne sais qu'ajouter au monde. Ce que j'ajoute, c'est moi. Ce que j'ajoute, ce sont des histoires, des liens, des réactions ; et toutes ces histoires, tous ces liens, toutes ces réactions sont les fils qui tissent un monde – le mien. Cela me procure un vague sentiment d'échec. Cela me procure une joie sauvage. Rien ne me permet d'éprouver, alors pourtant qu'elle est sur toutes les lèvres, la fin d'un monde. Pour moi, tout n'est que commencement.

La fin est impossible, dans un regard vivant.

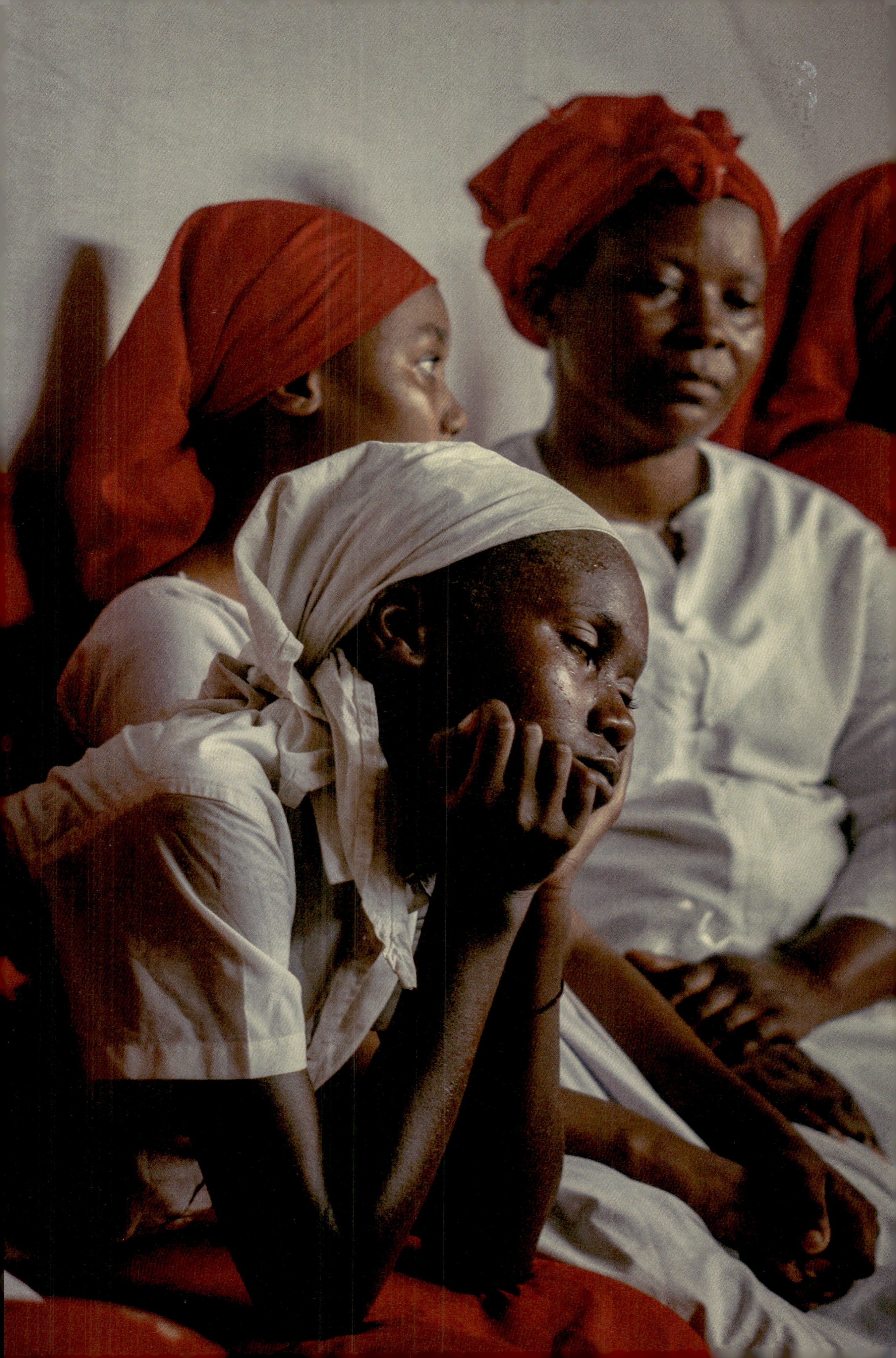

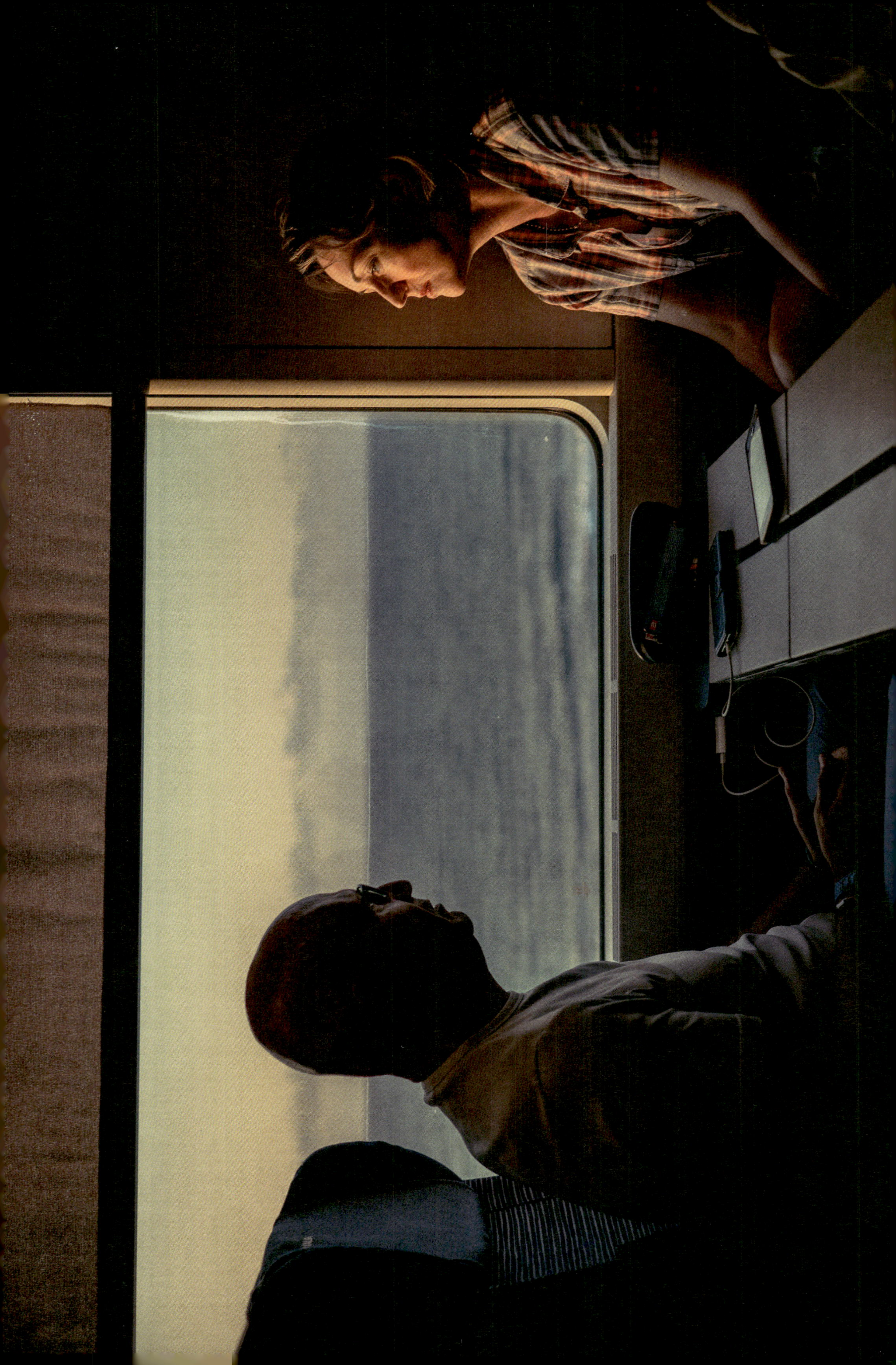

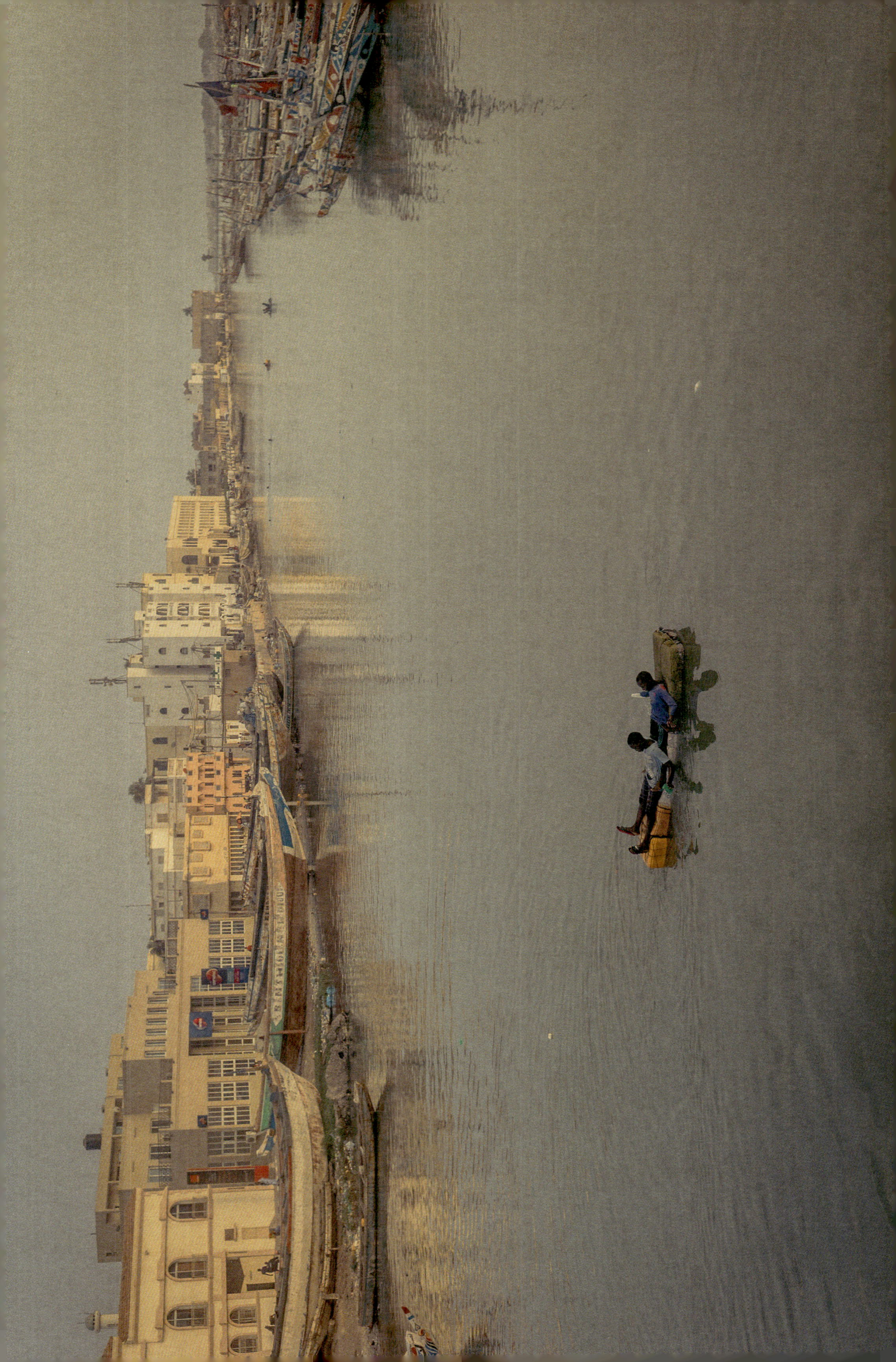

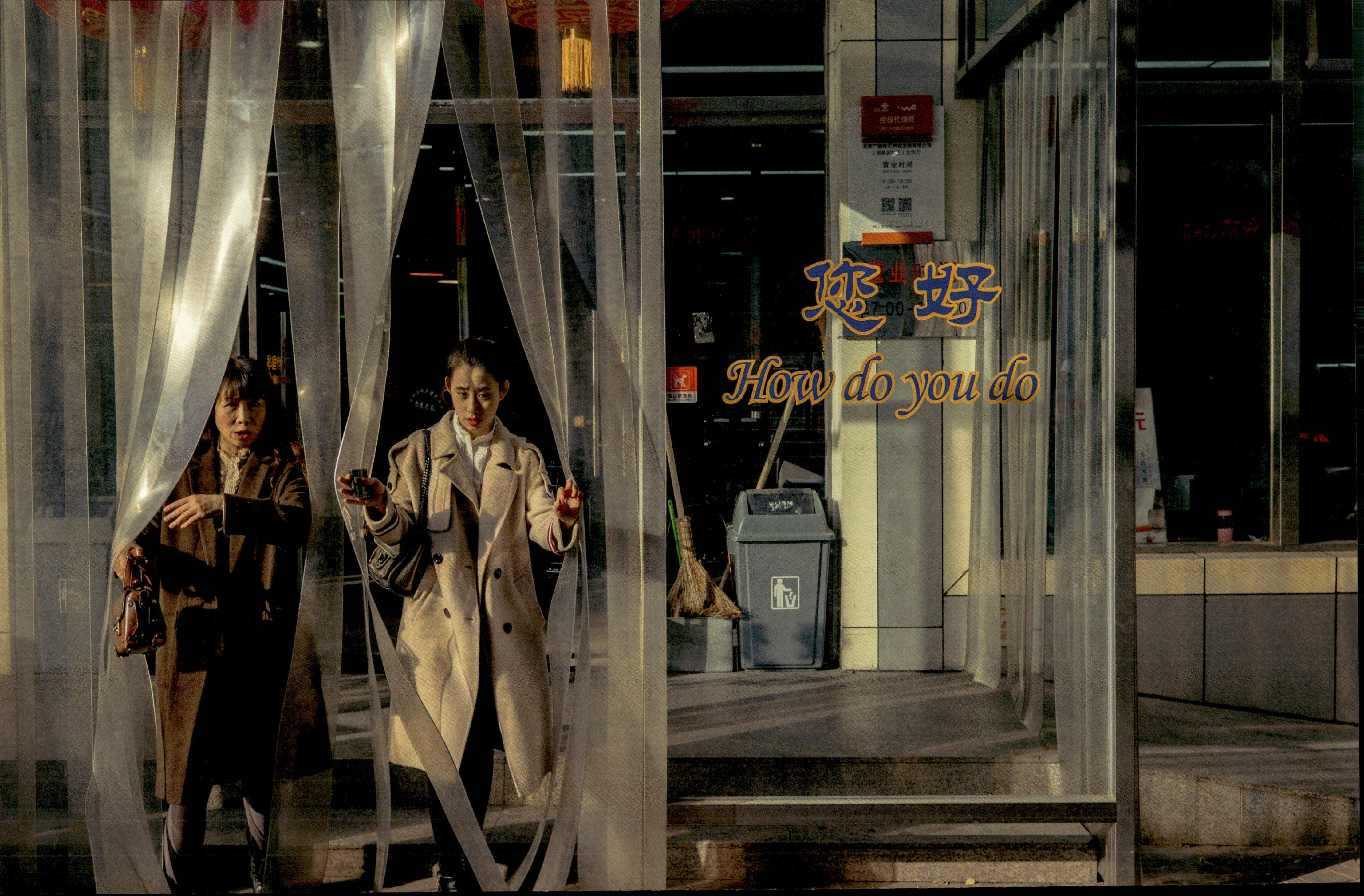

您好
How do you do
营业时间

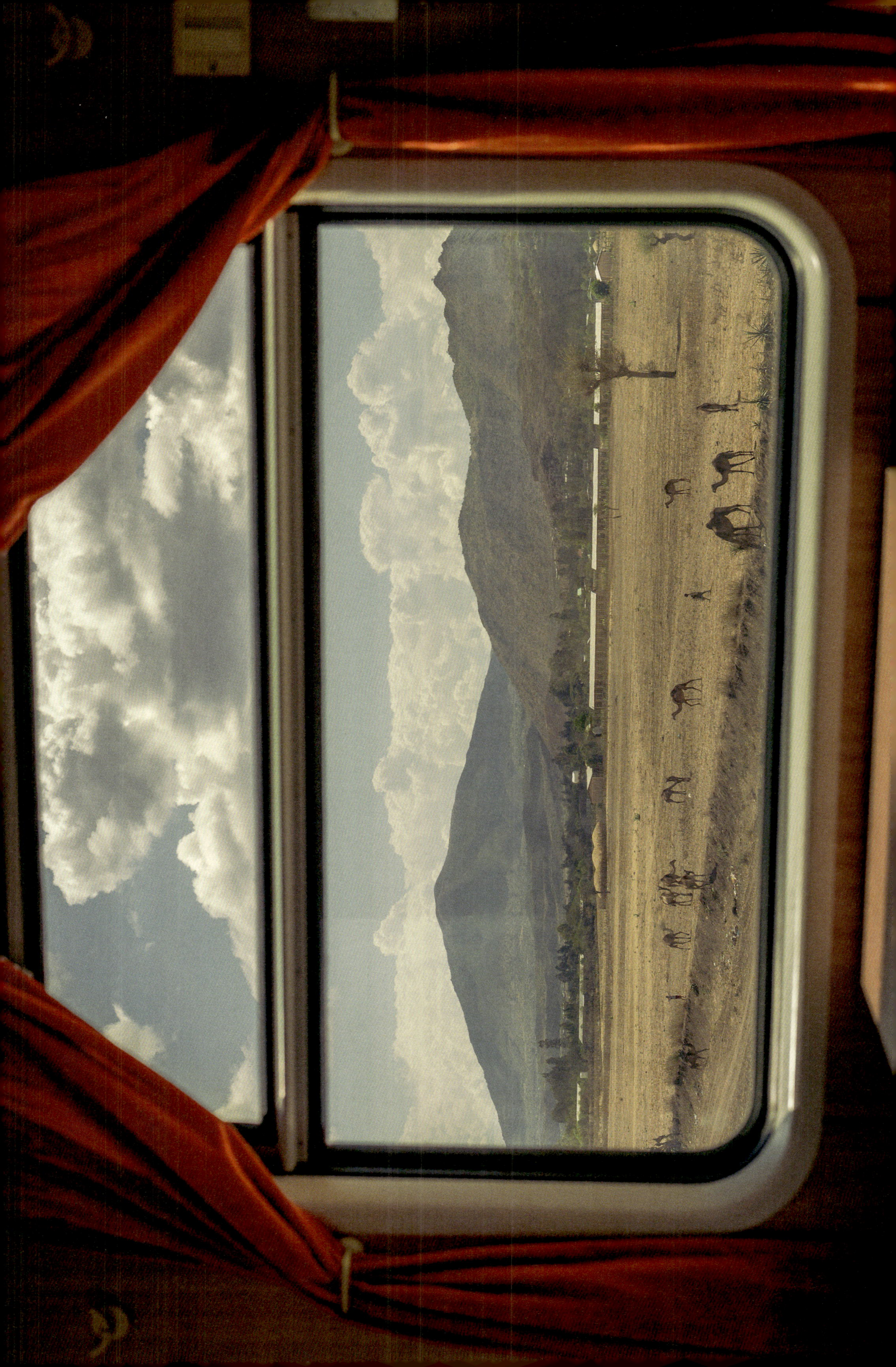

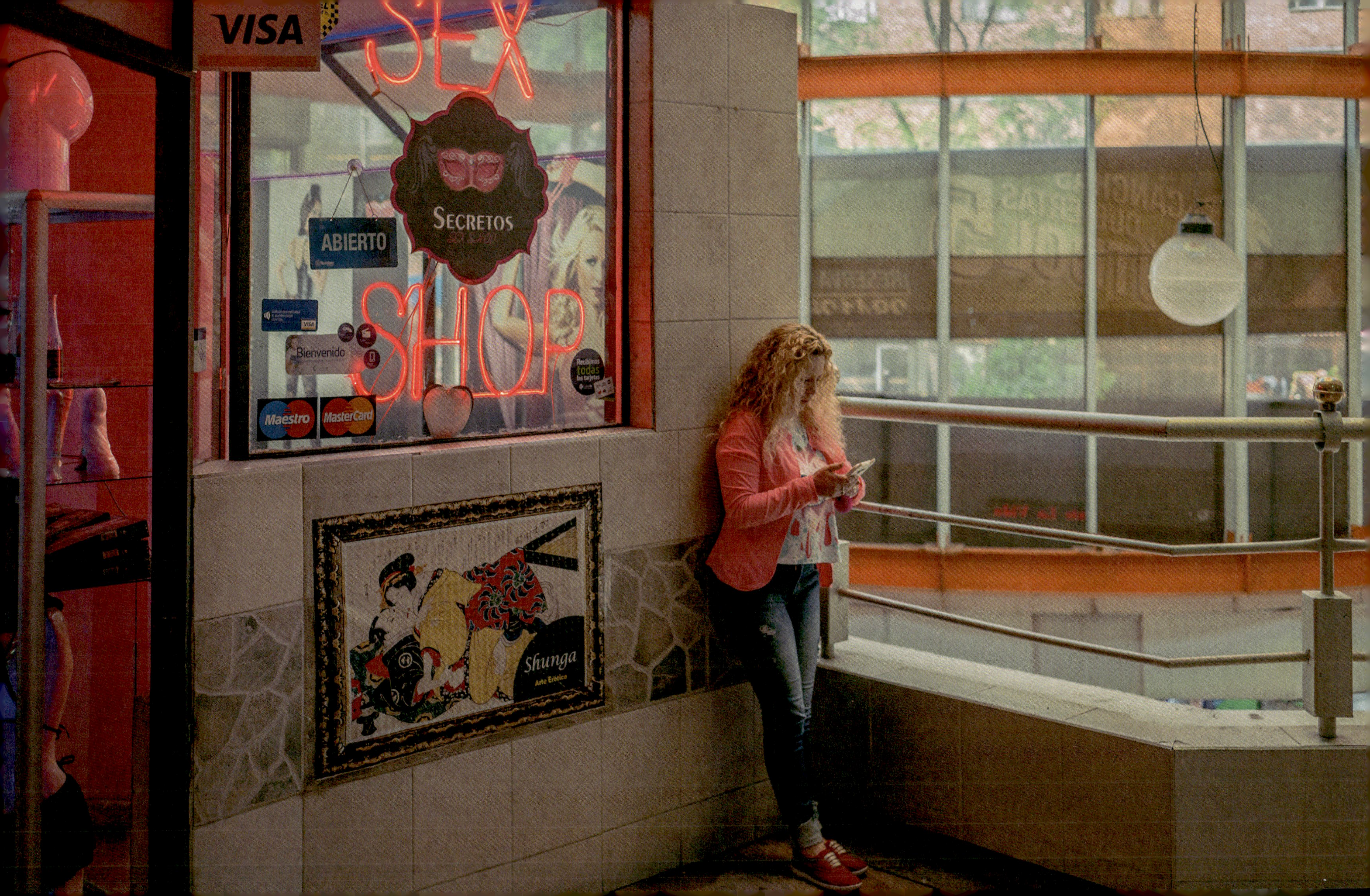
VISA
SEX
SHOP
SECRETOS
ABIERTO
Bienvenido
Maestro
MasterCard
Recibimos todas las tarjetas
Shunga
Arte Erótico

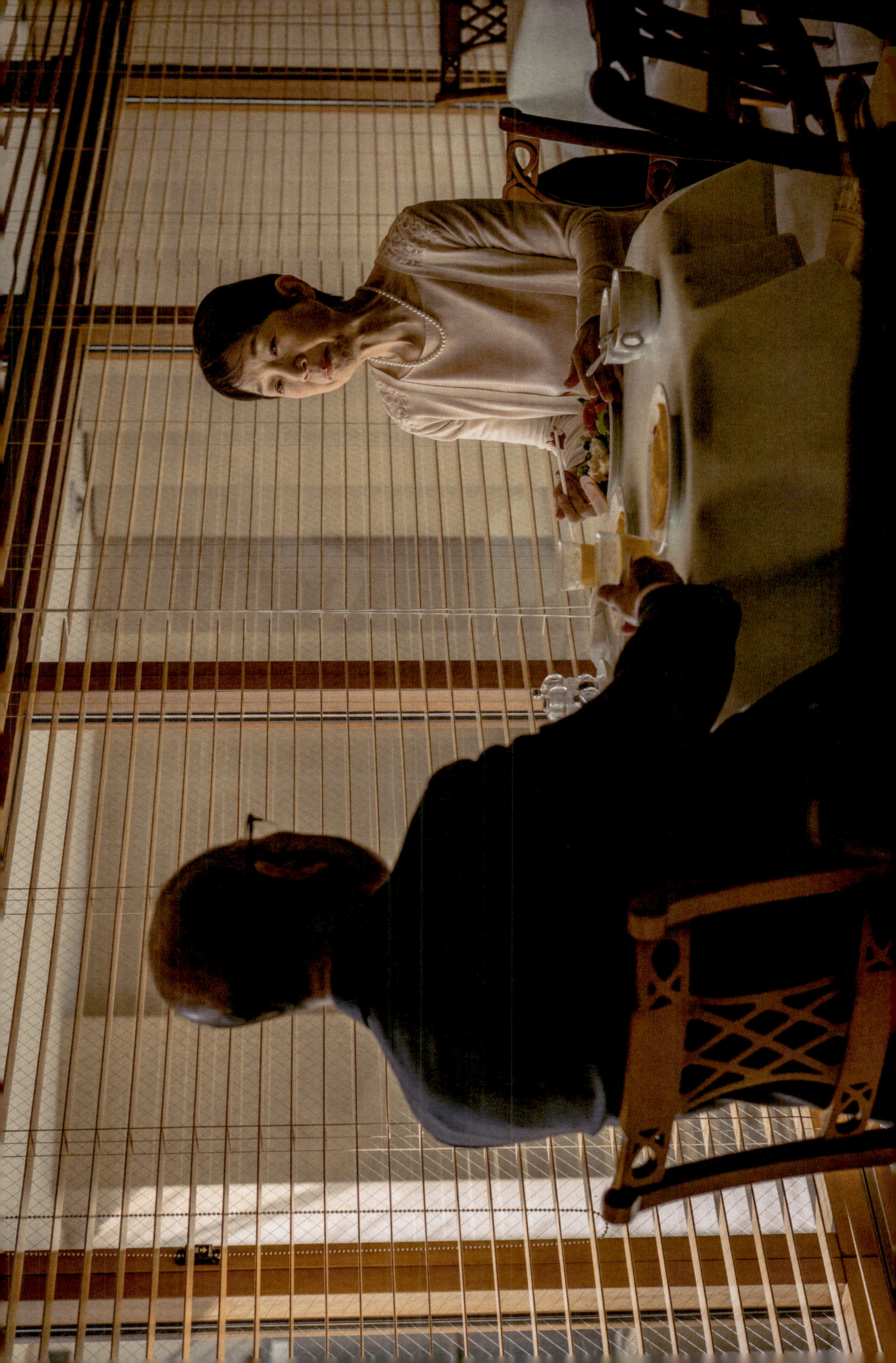

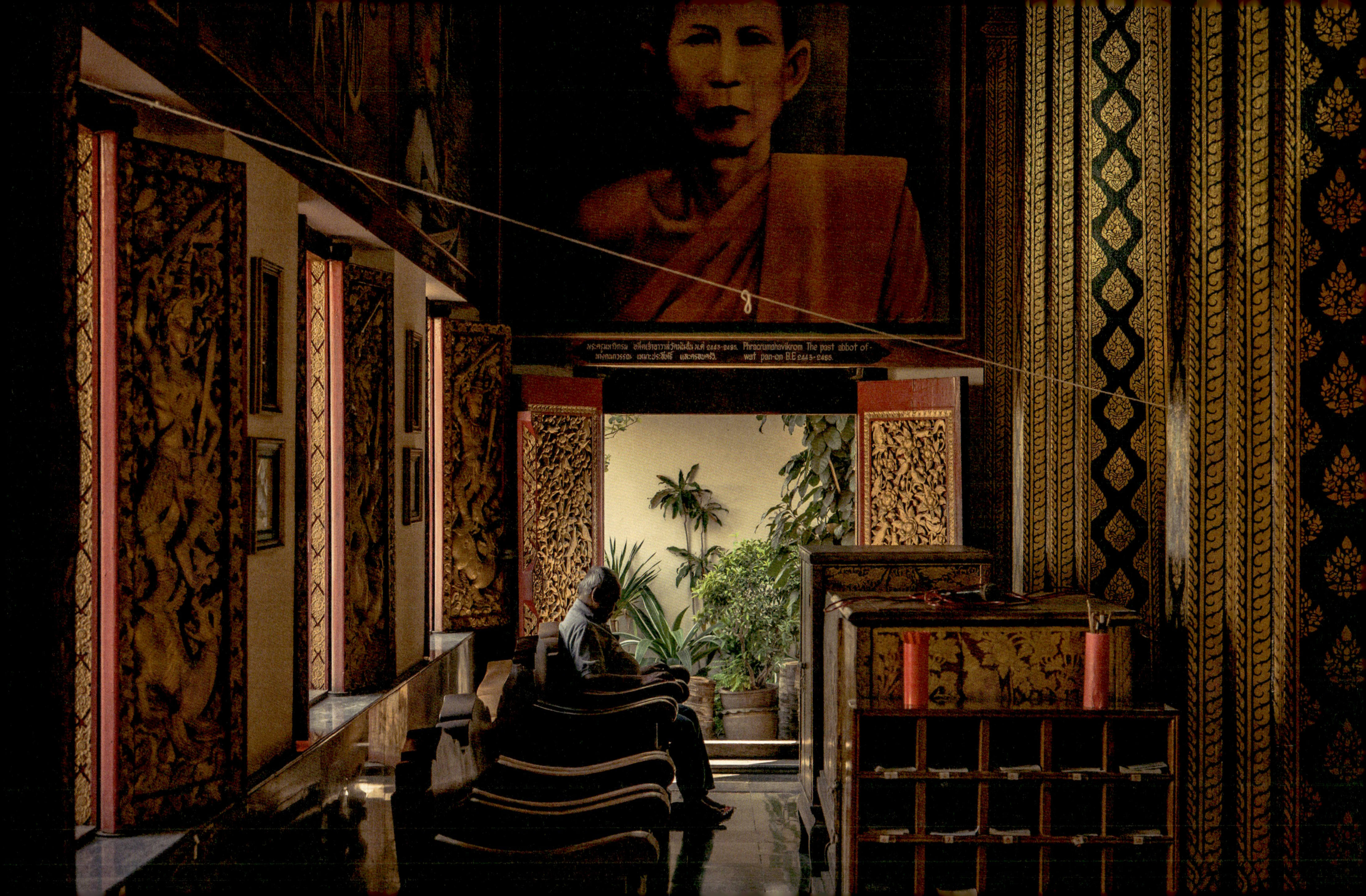
Phracrumahavikrom The past abbot of-
wat pan-on B.E ๒๔๔๓-๒๔๘๕.

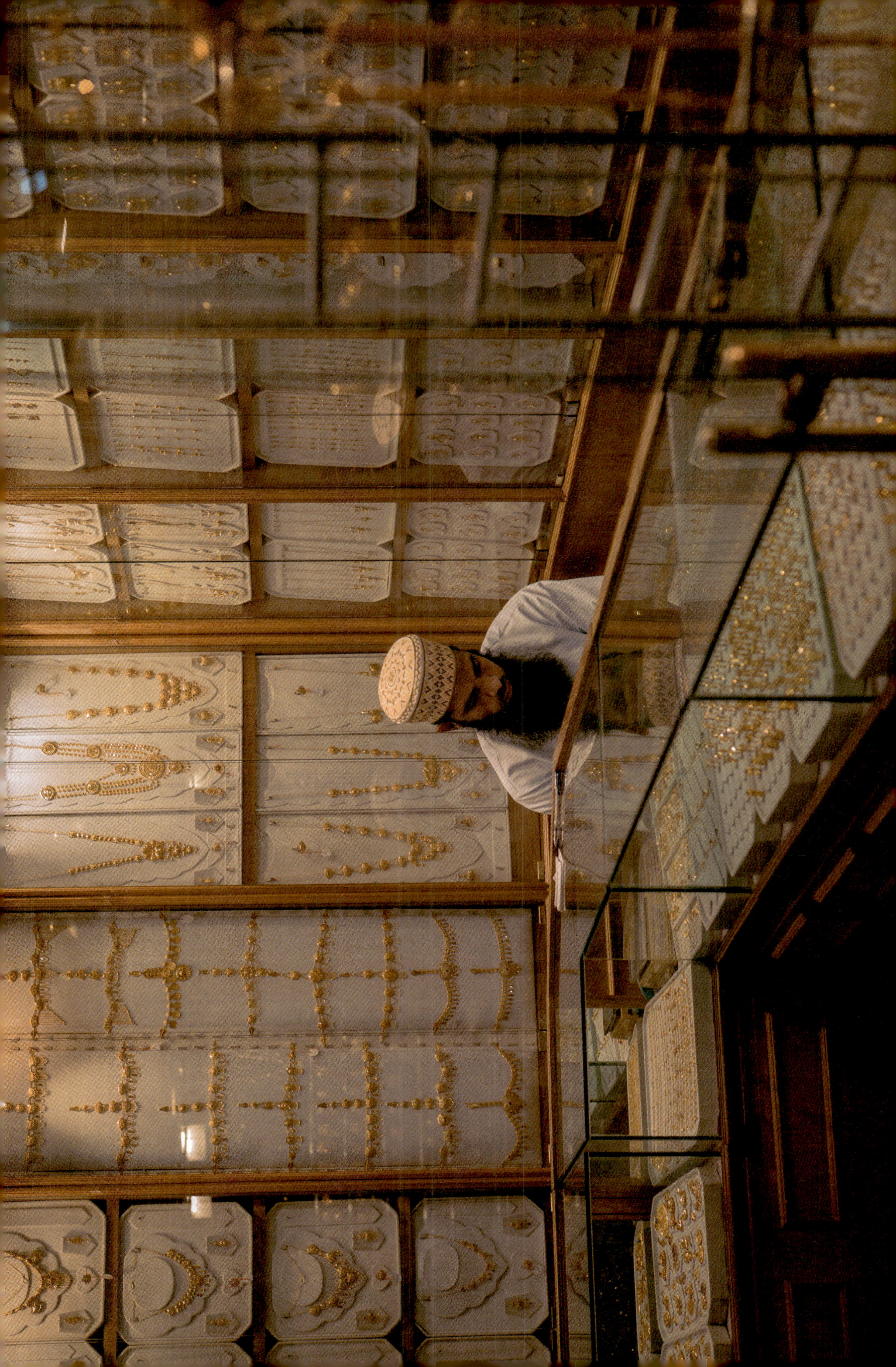

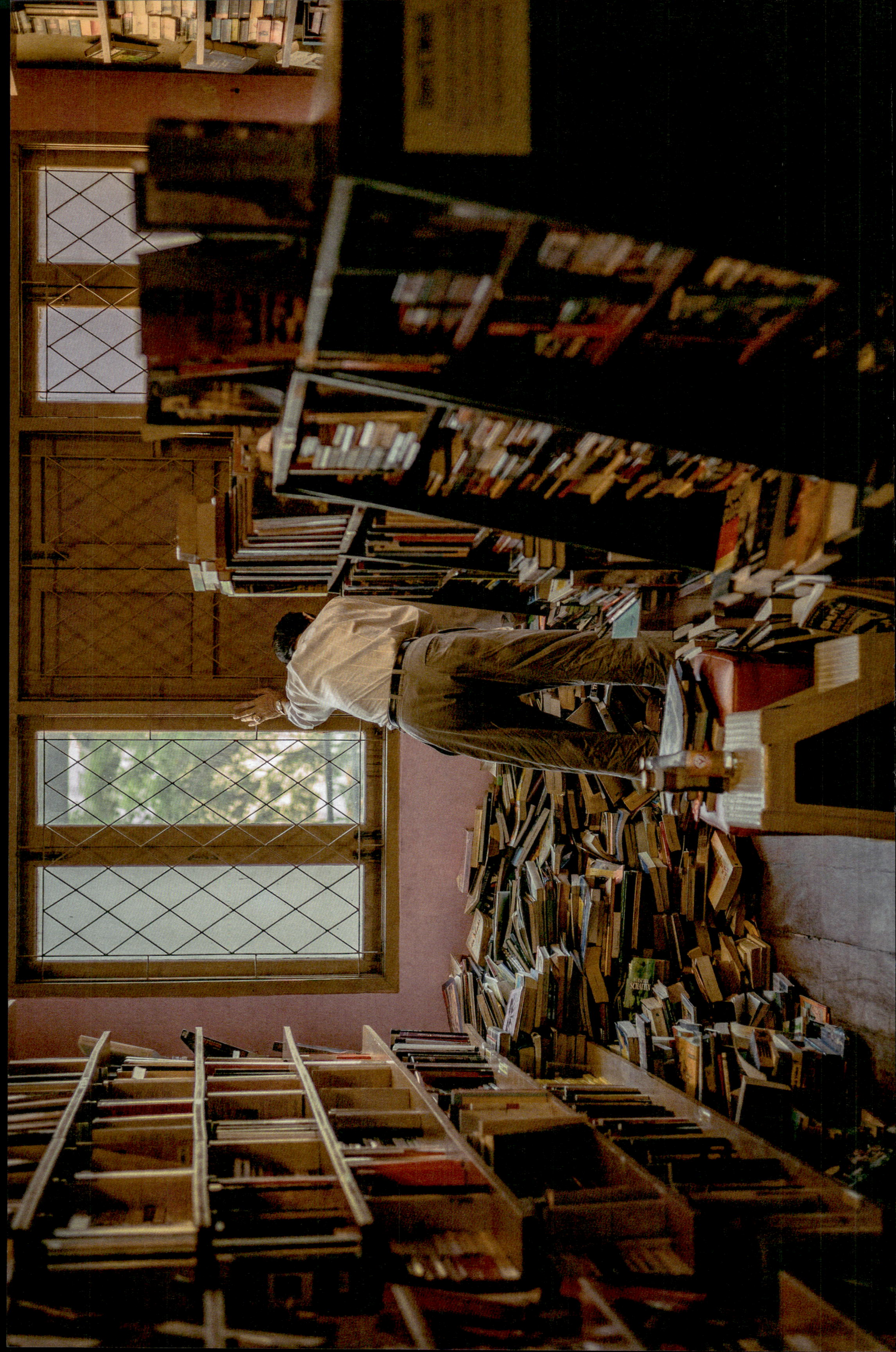

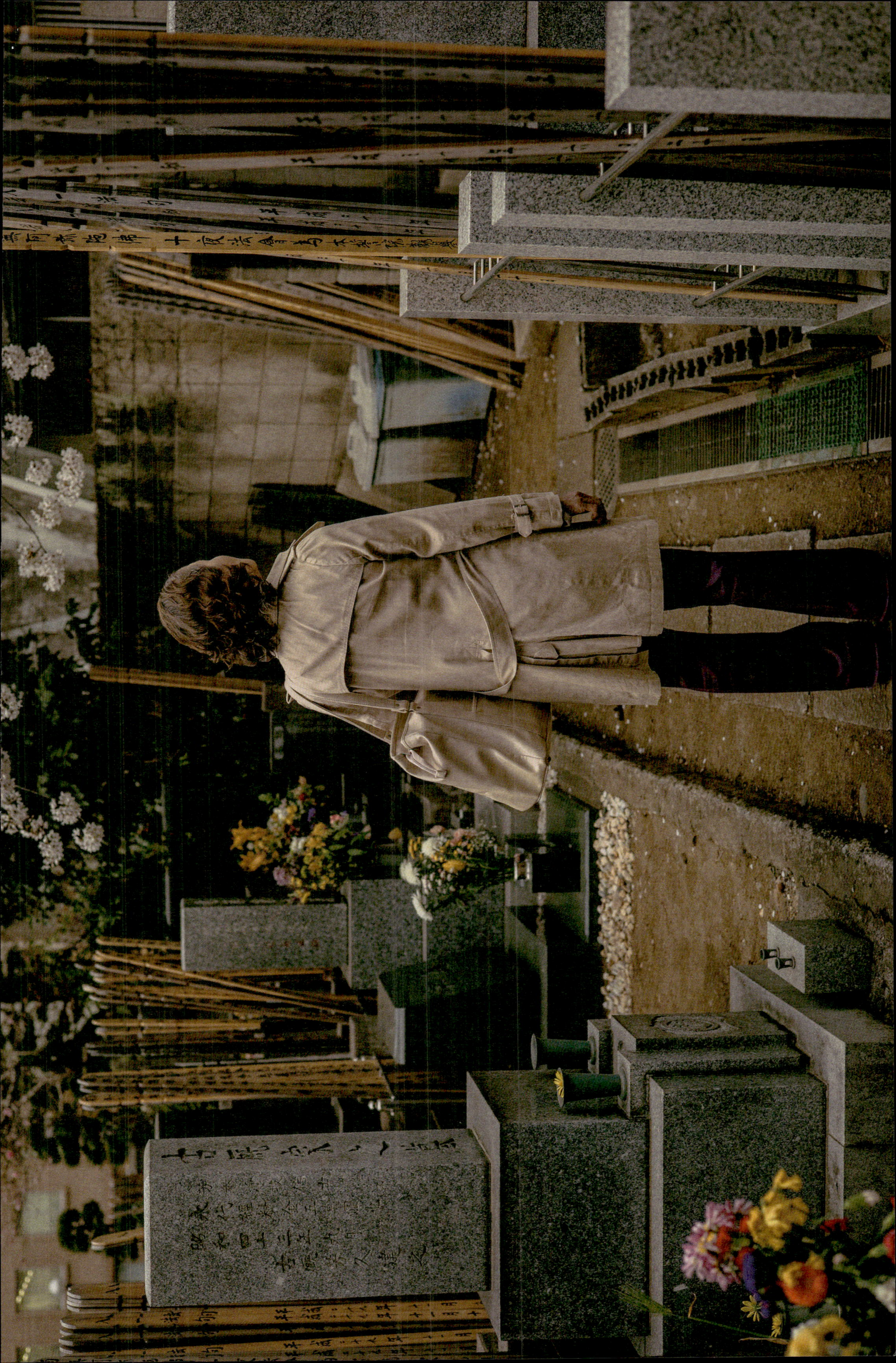

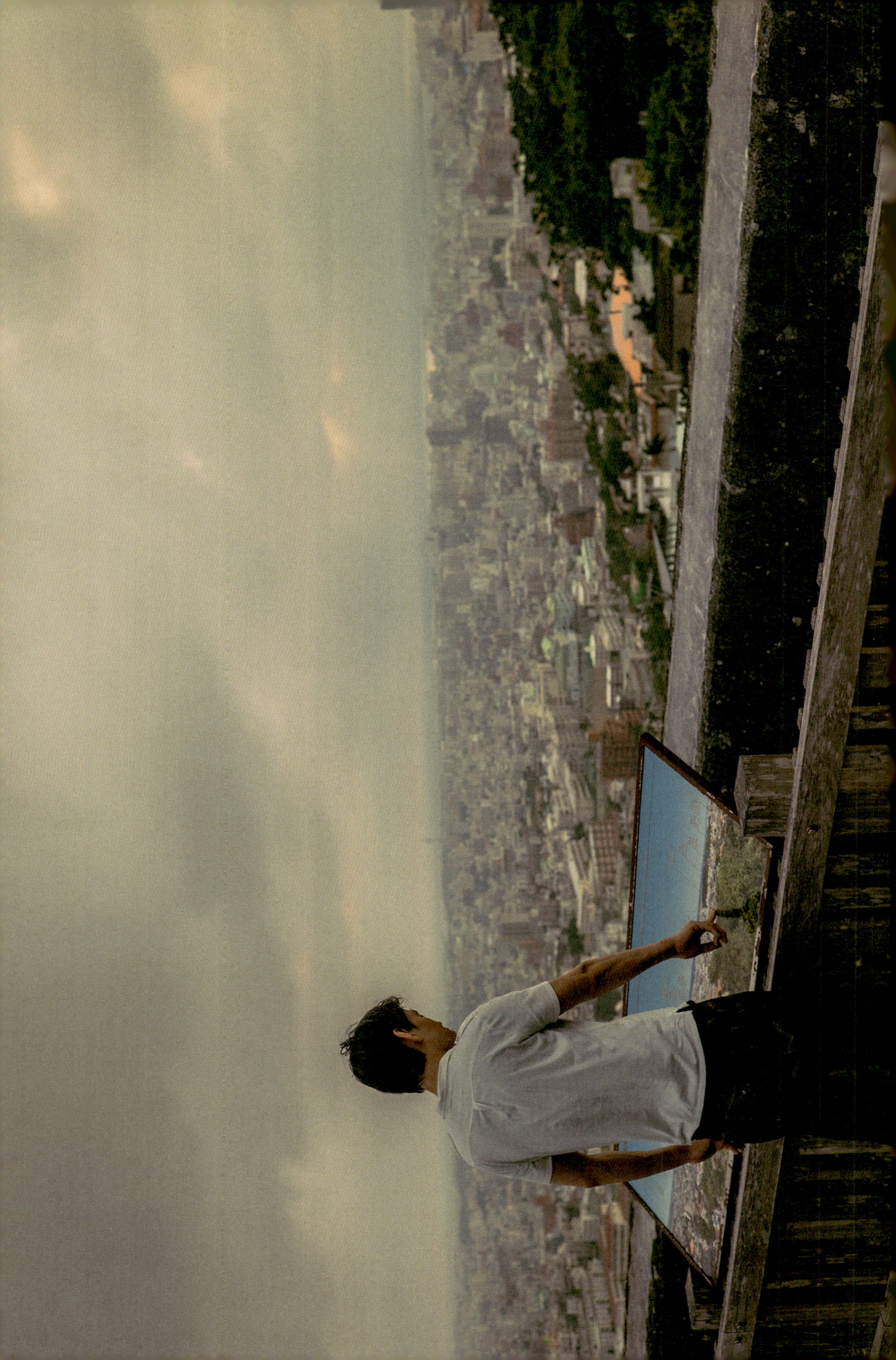

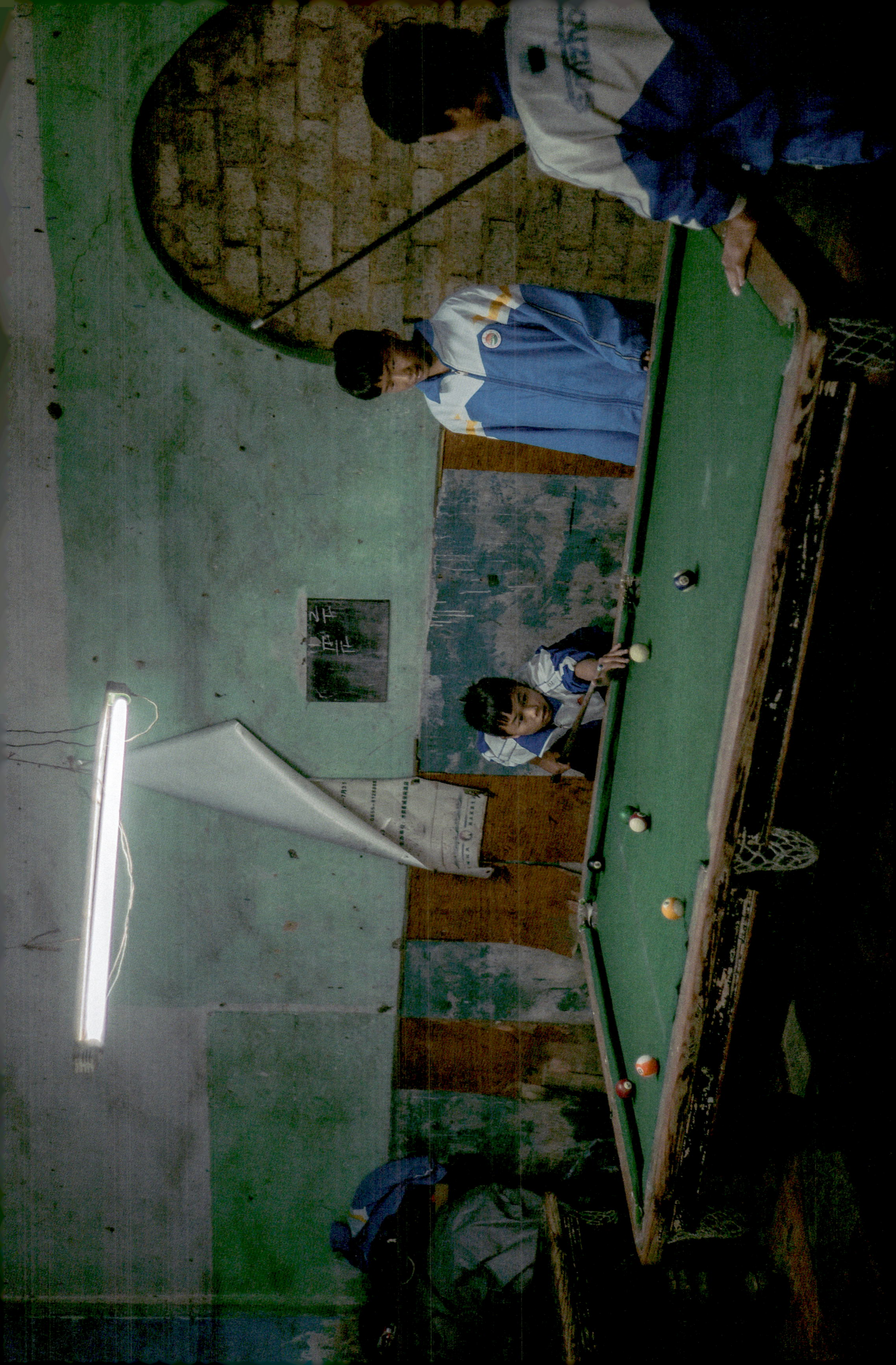

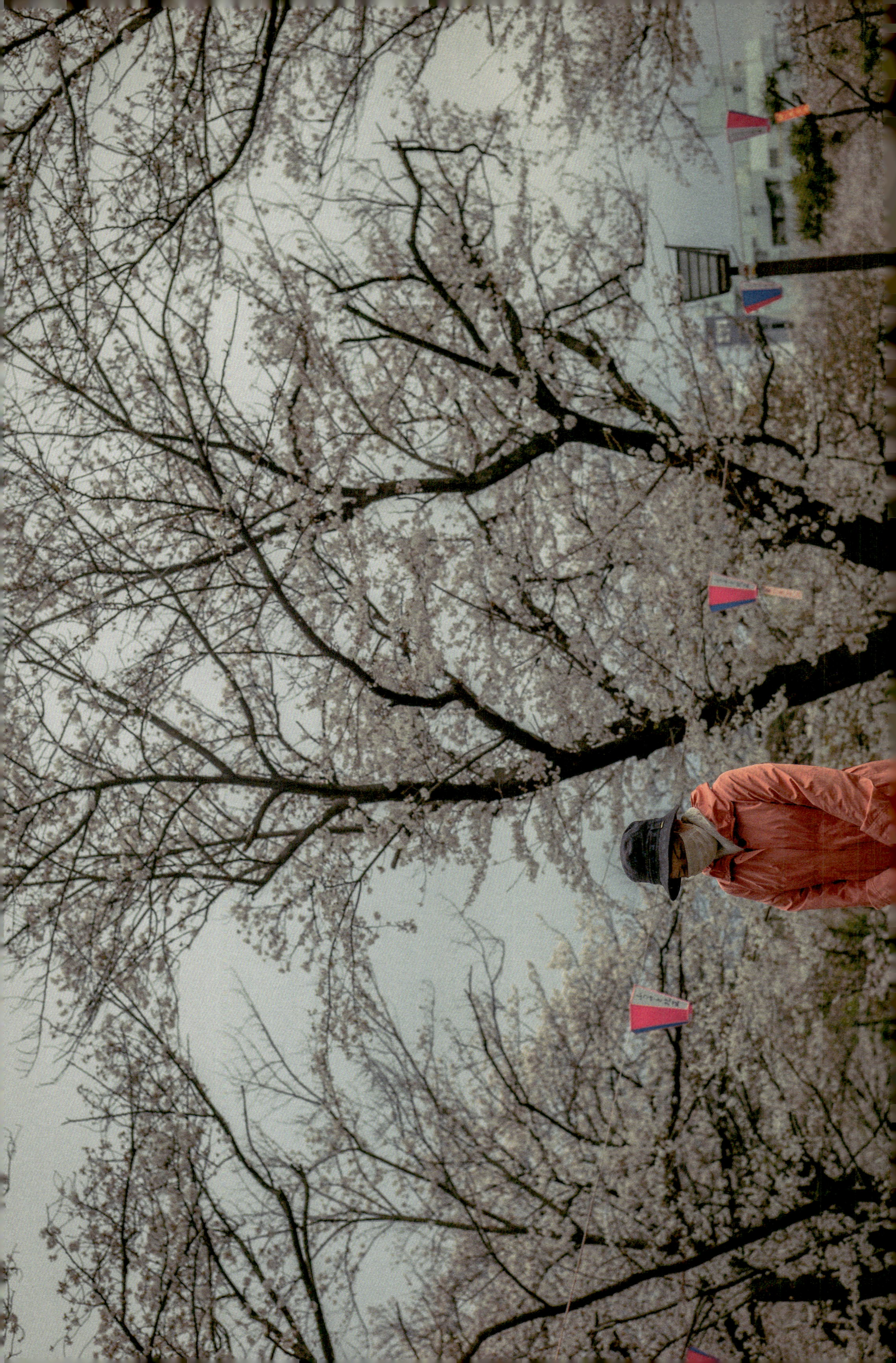

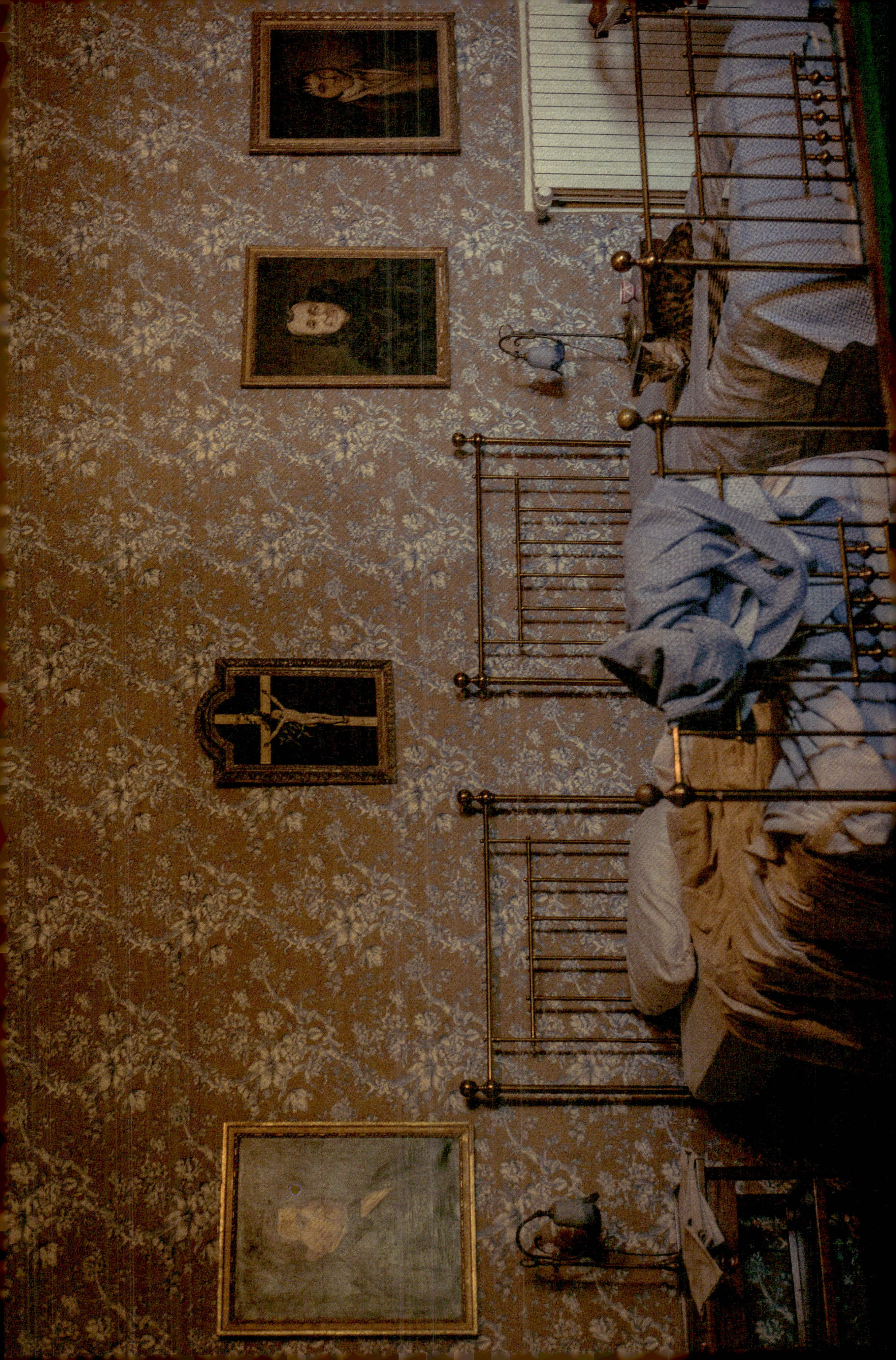

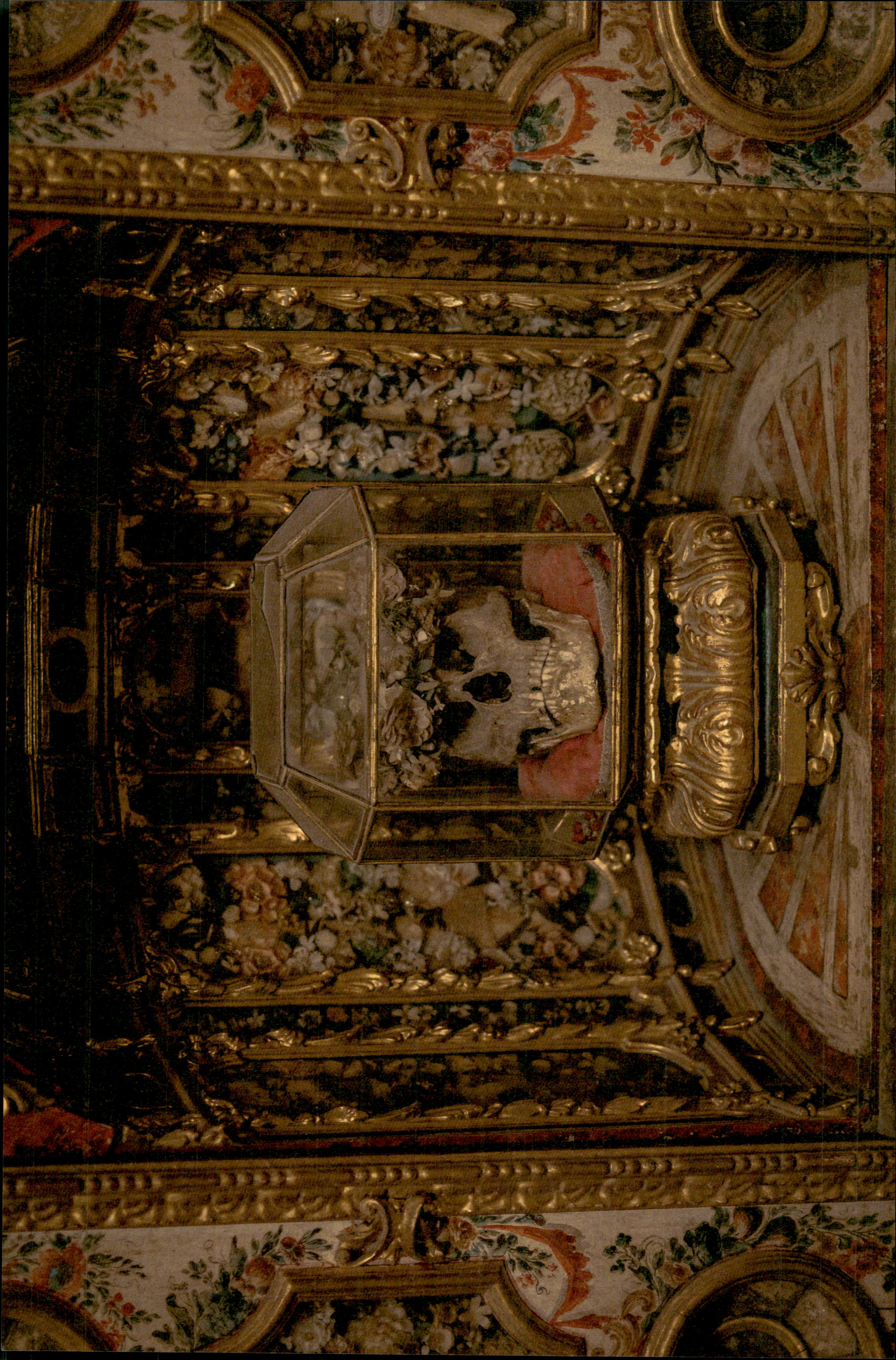

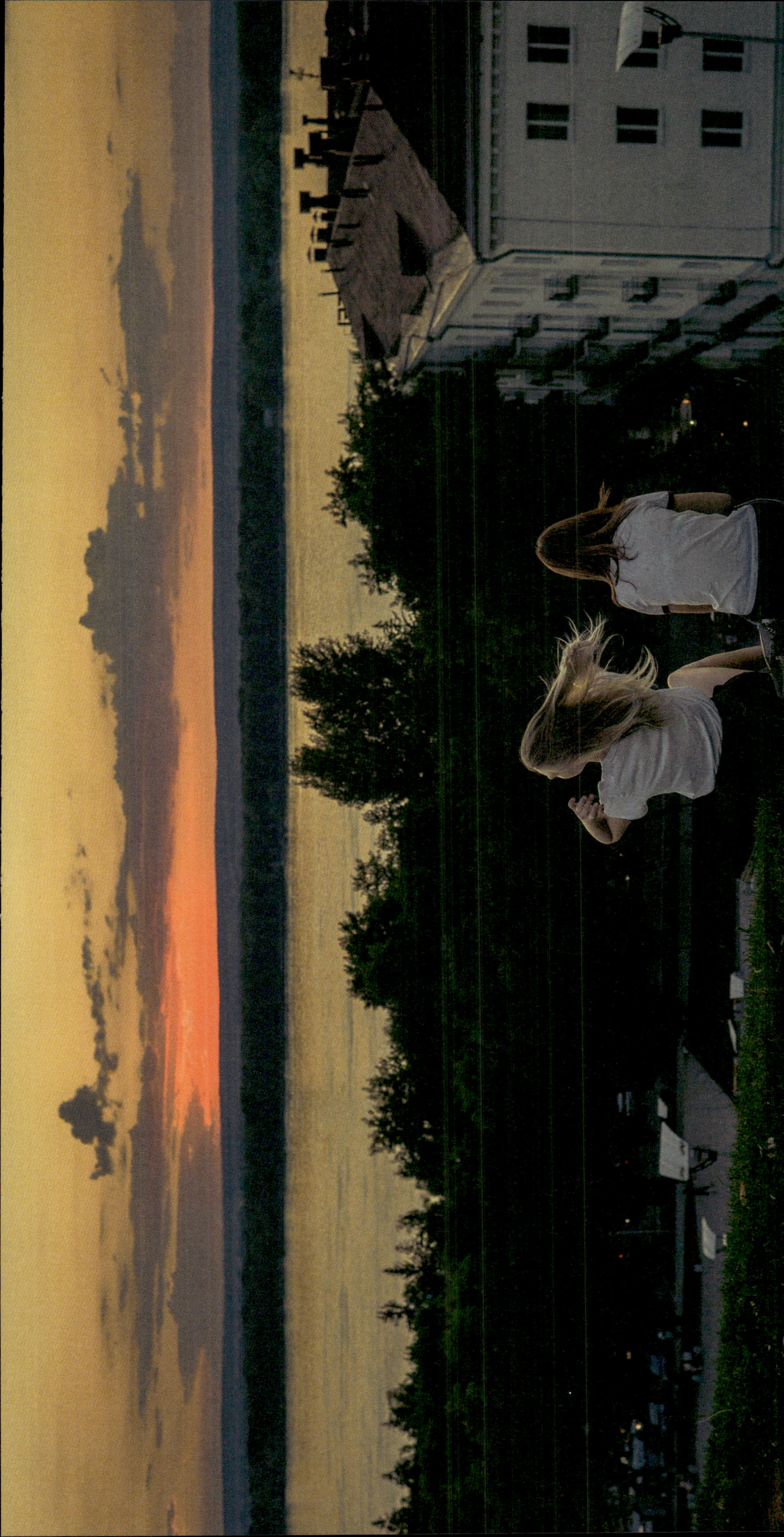

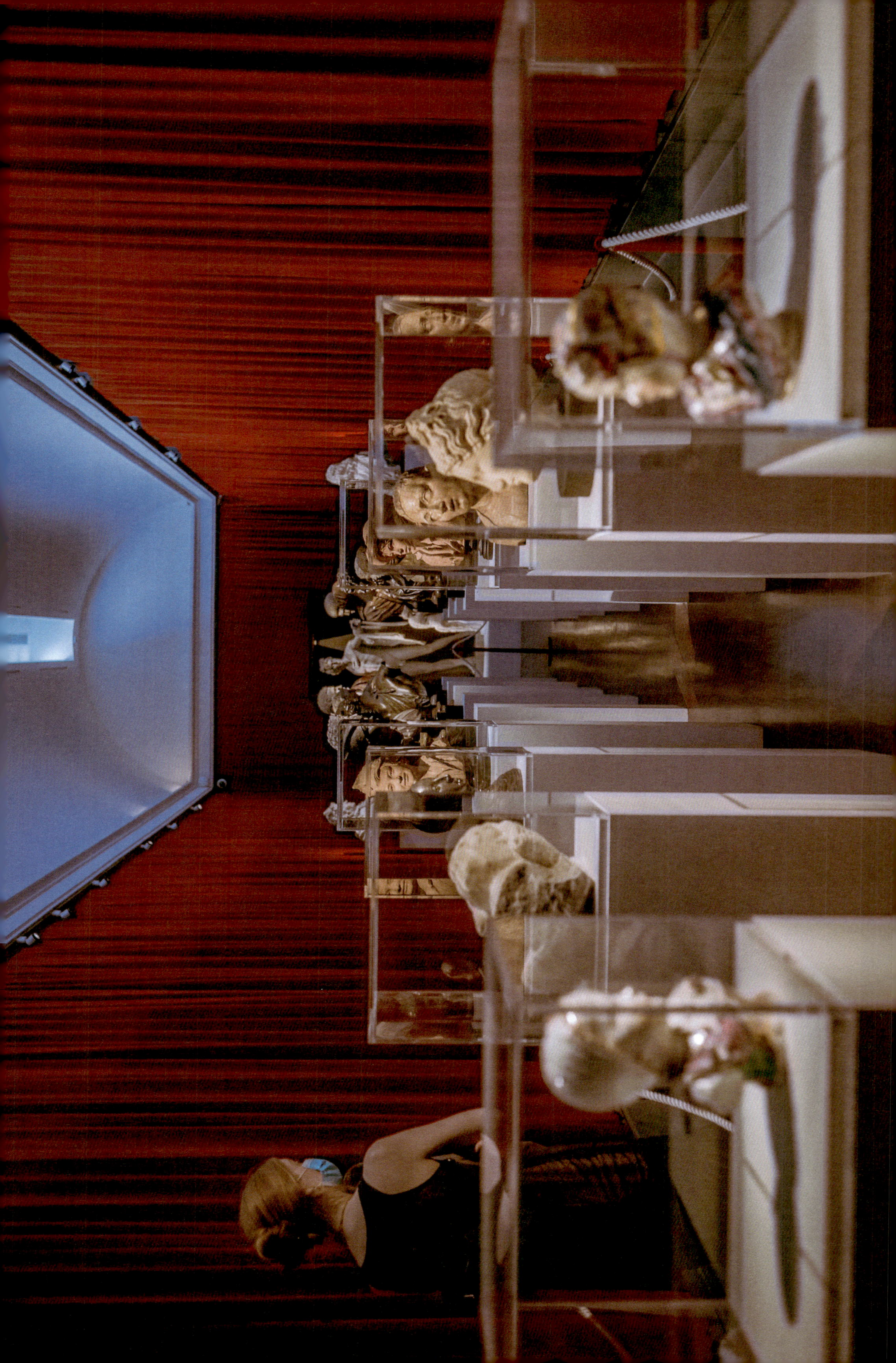

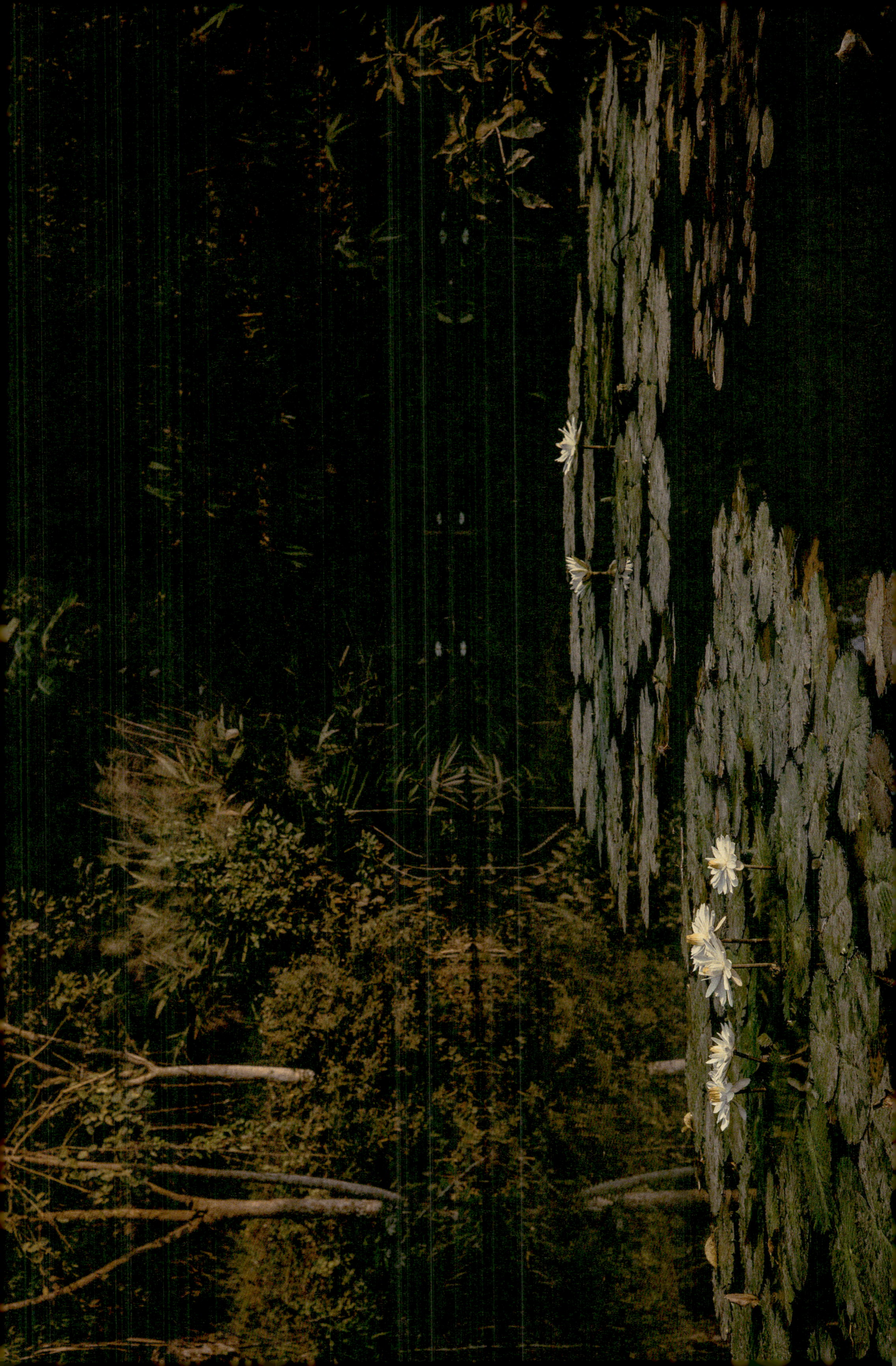

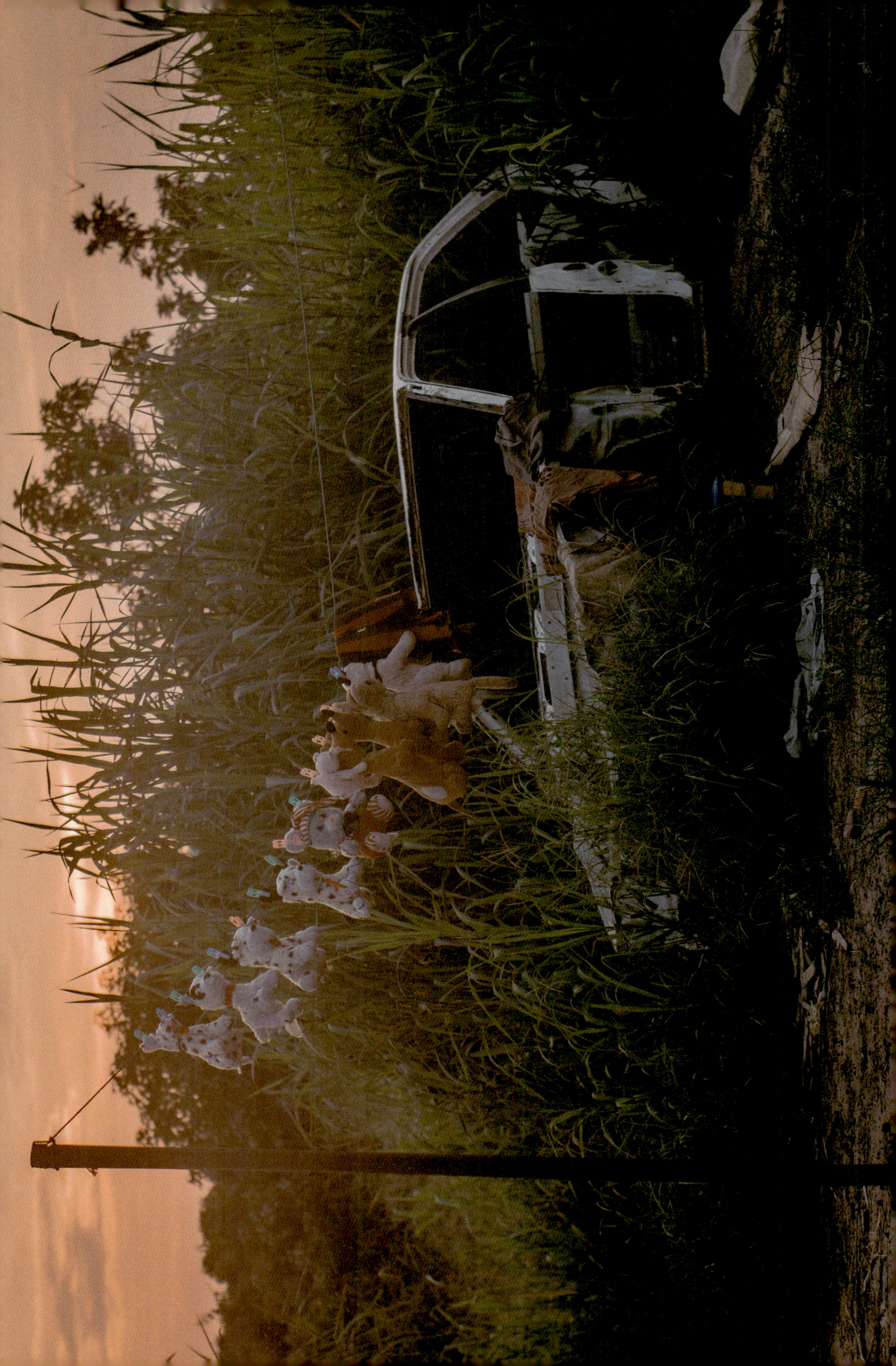

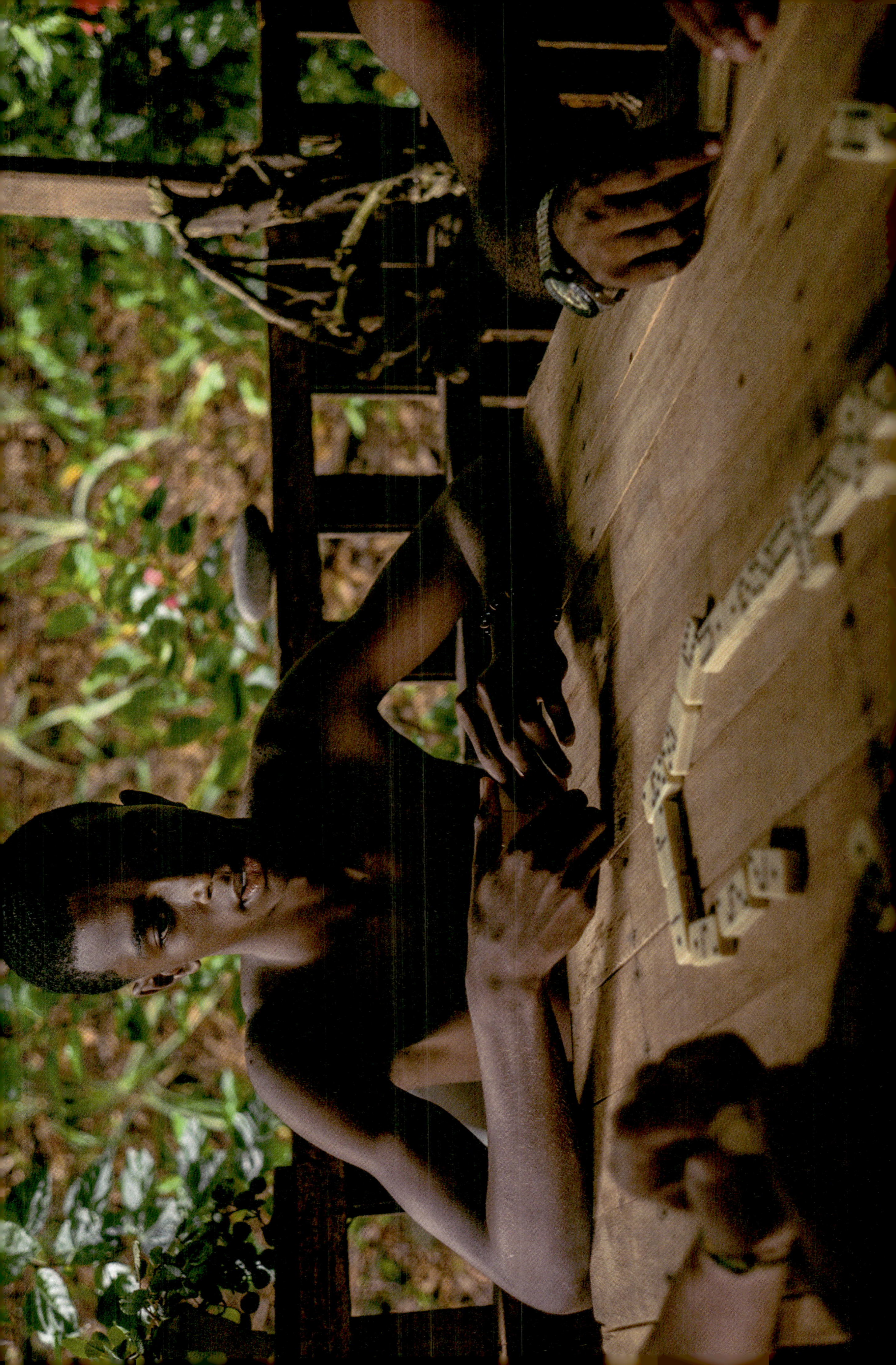

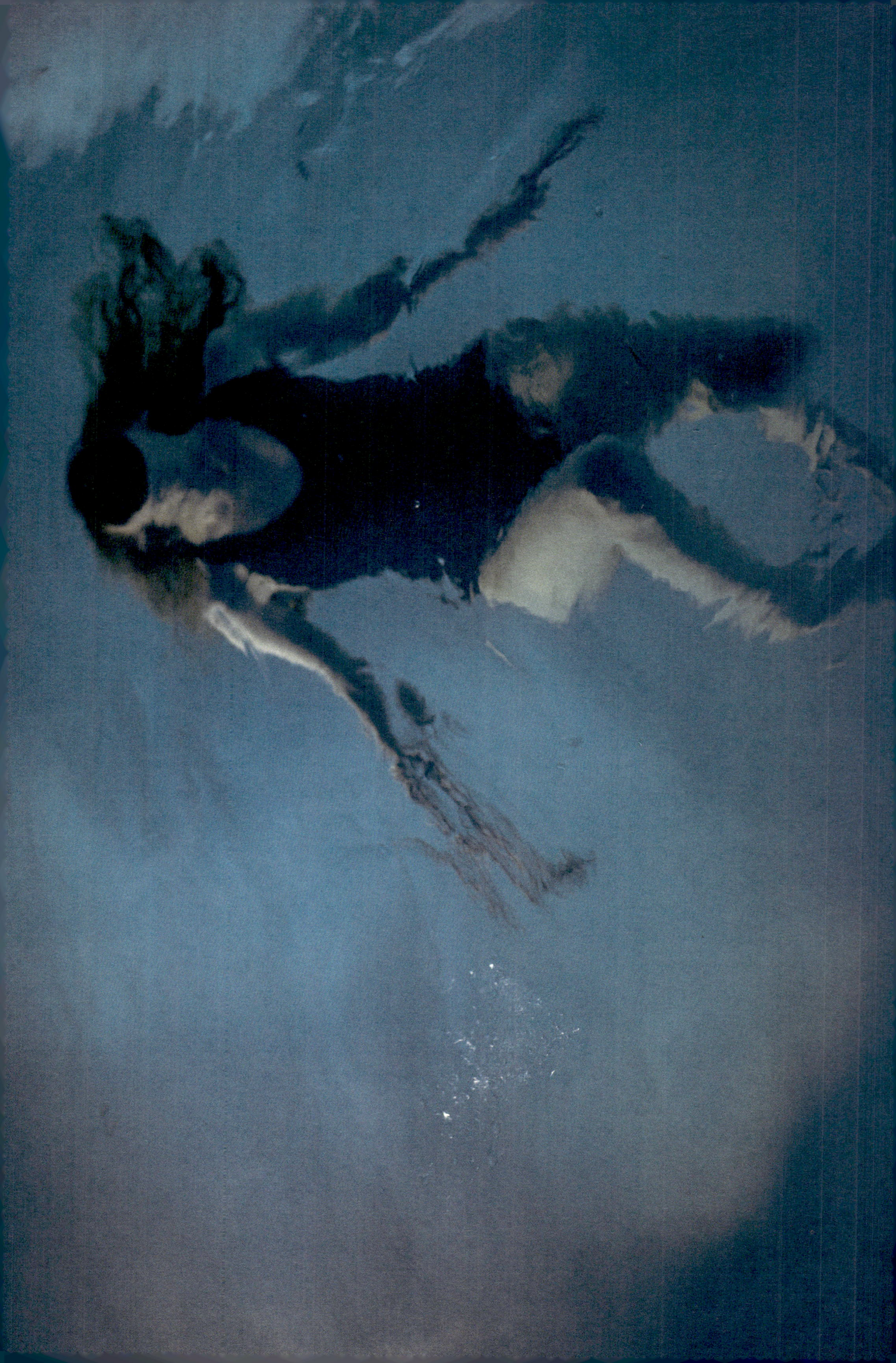

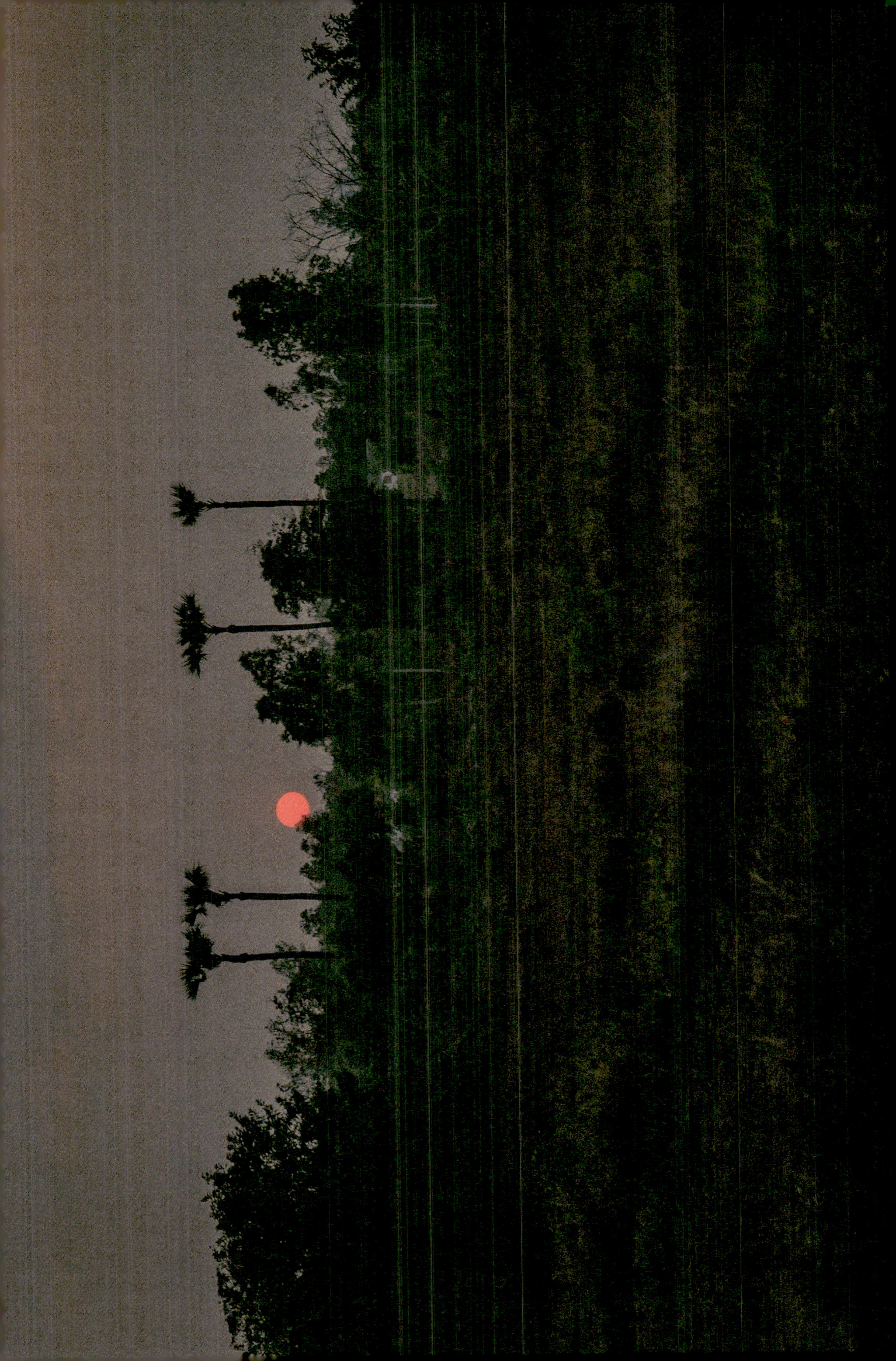

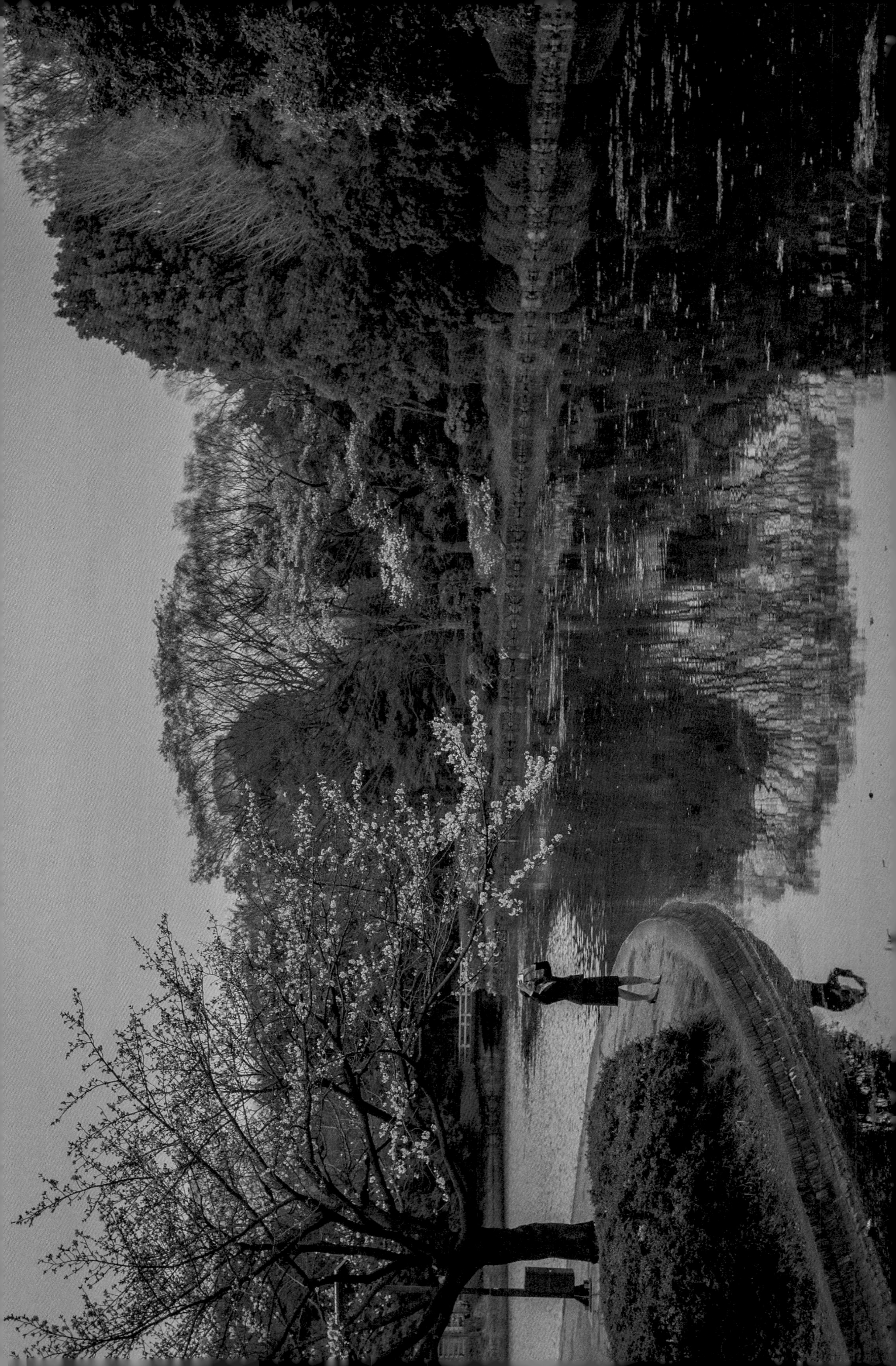

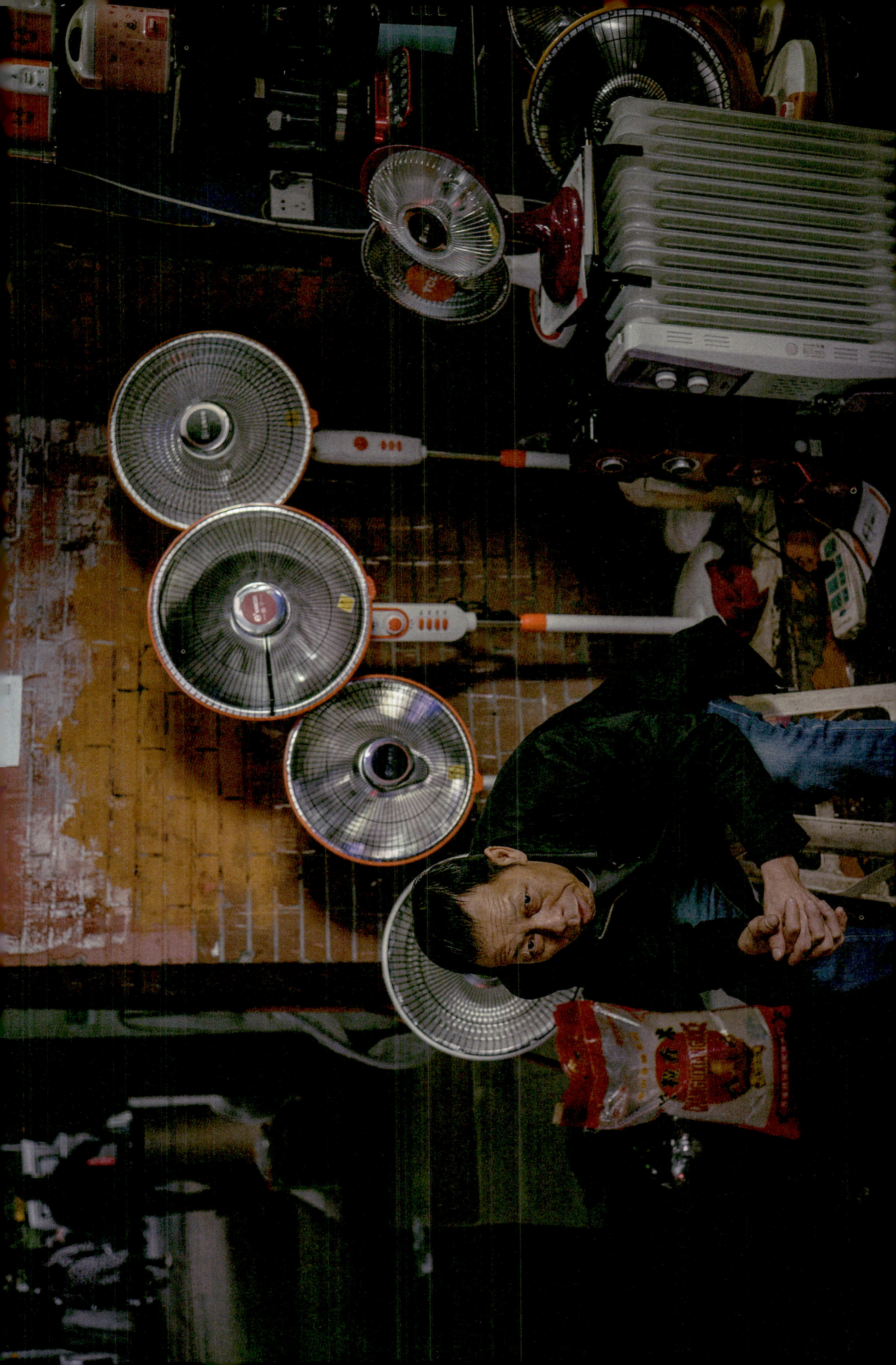

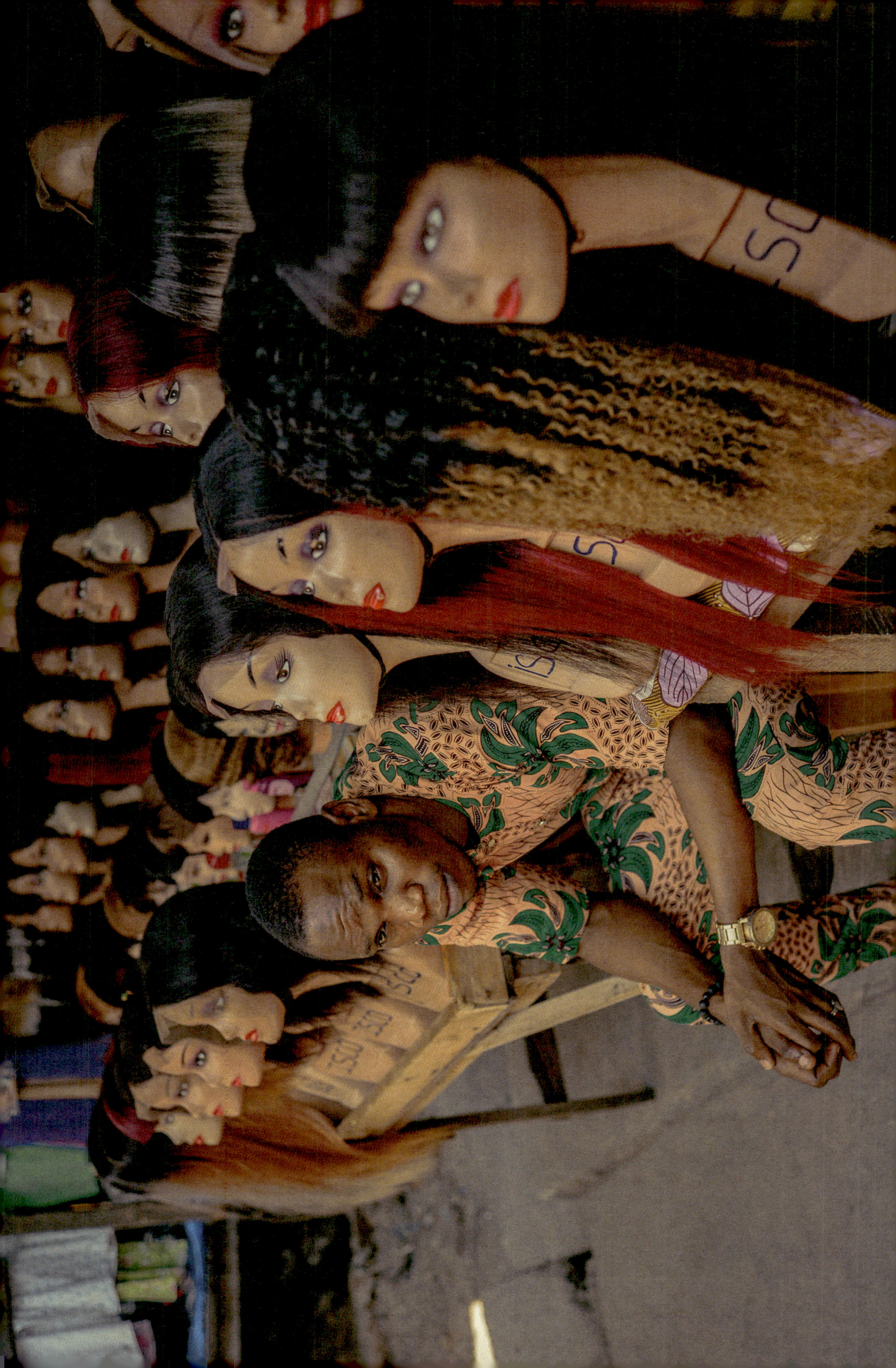

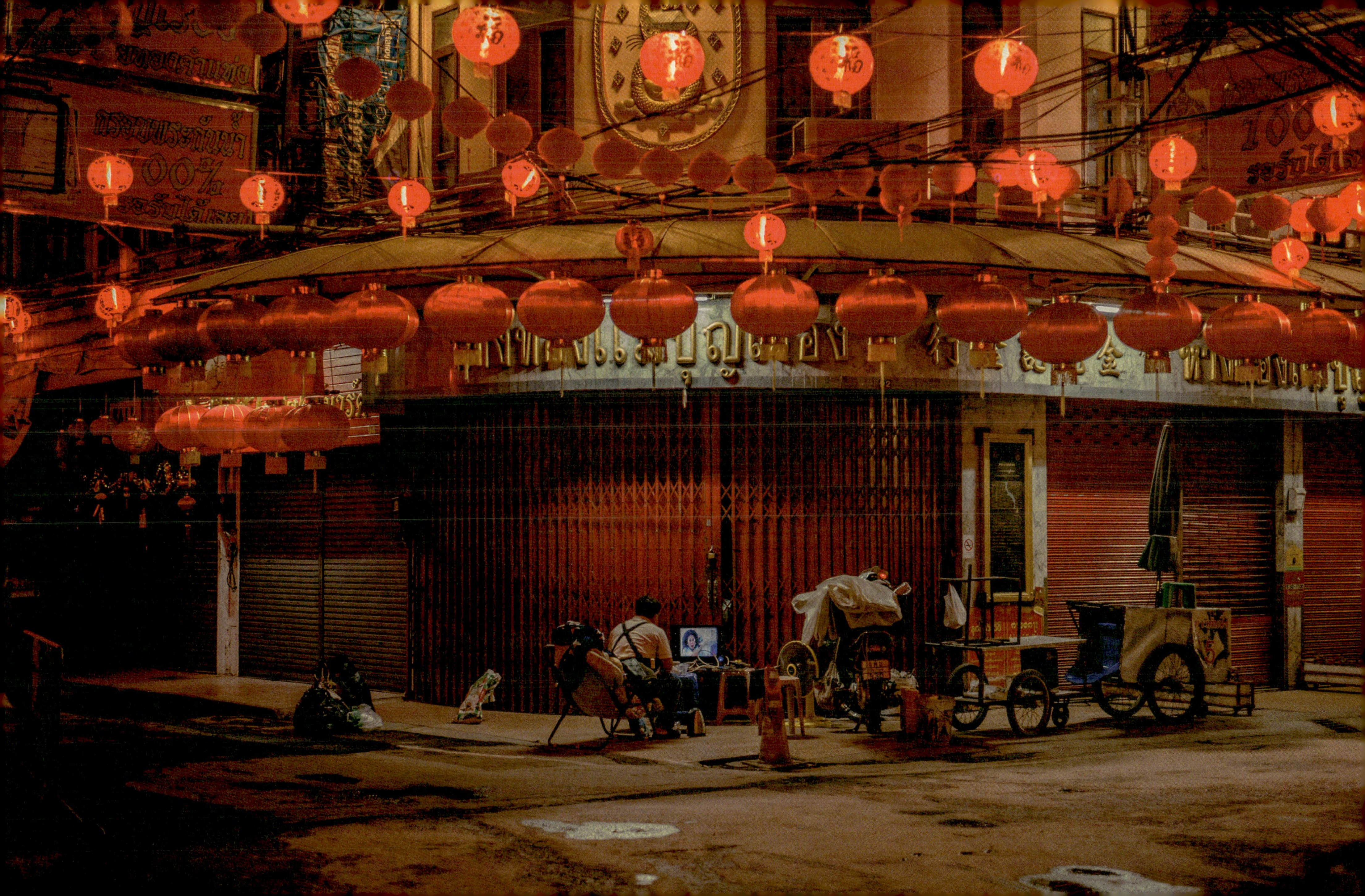

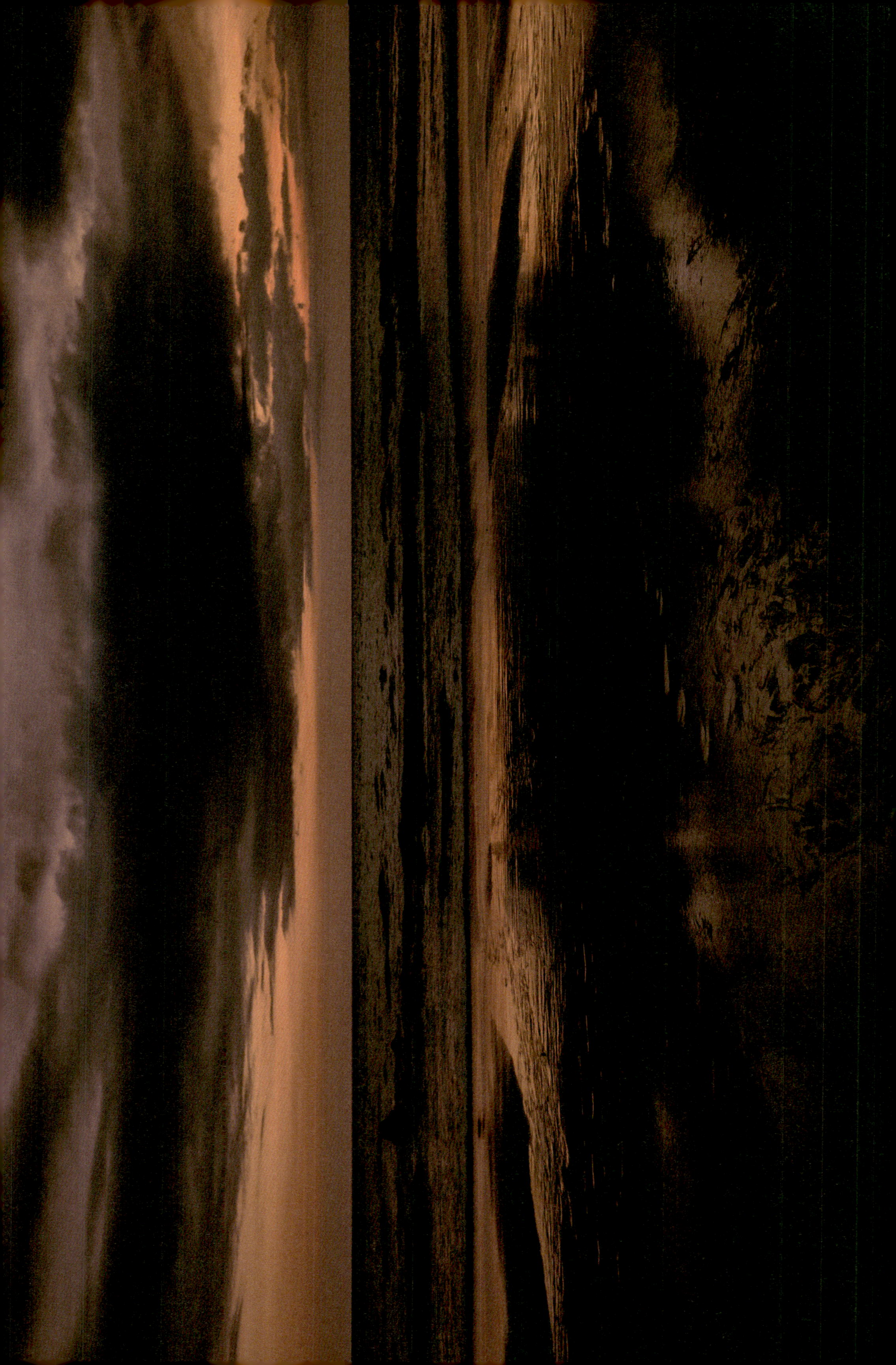

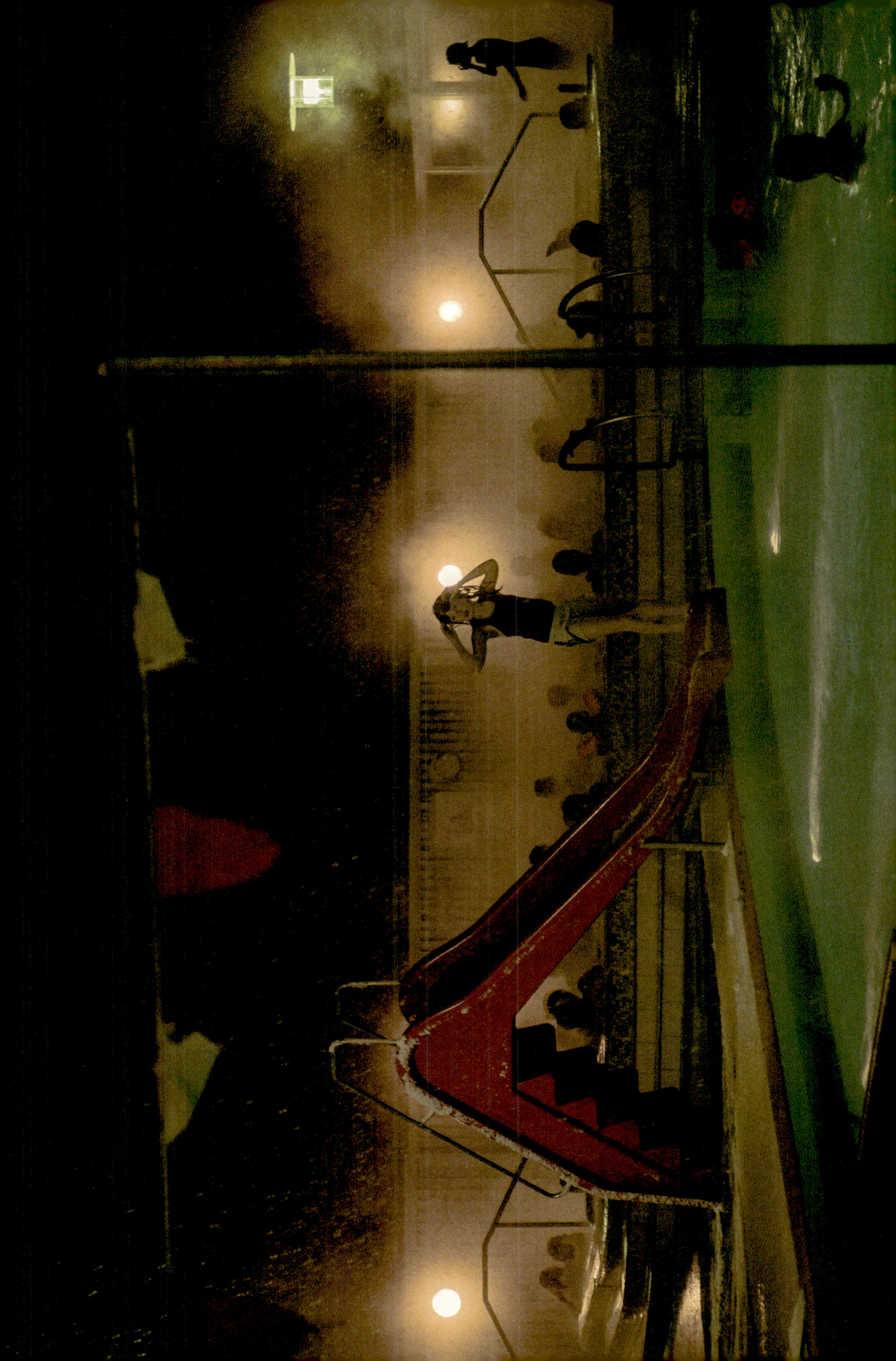

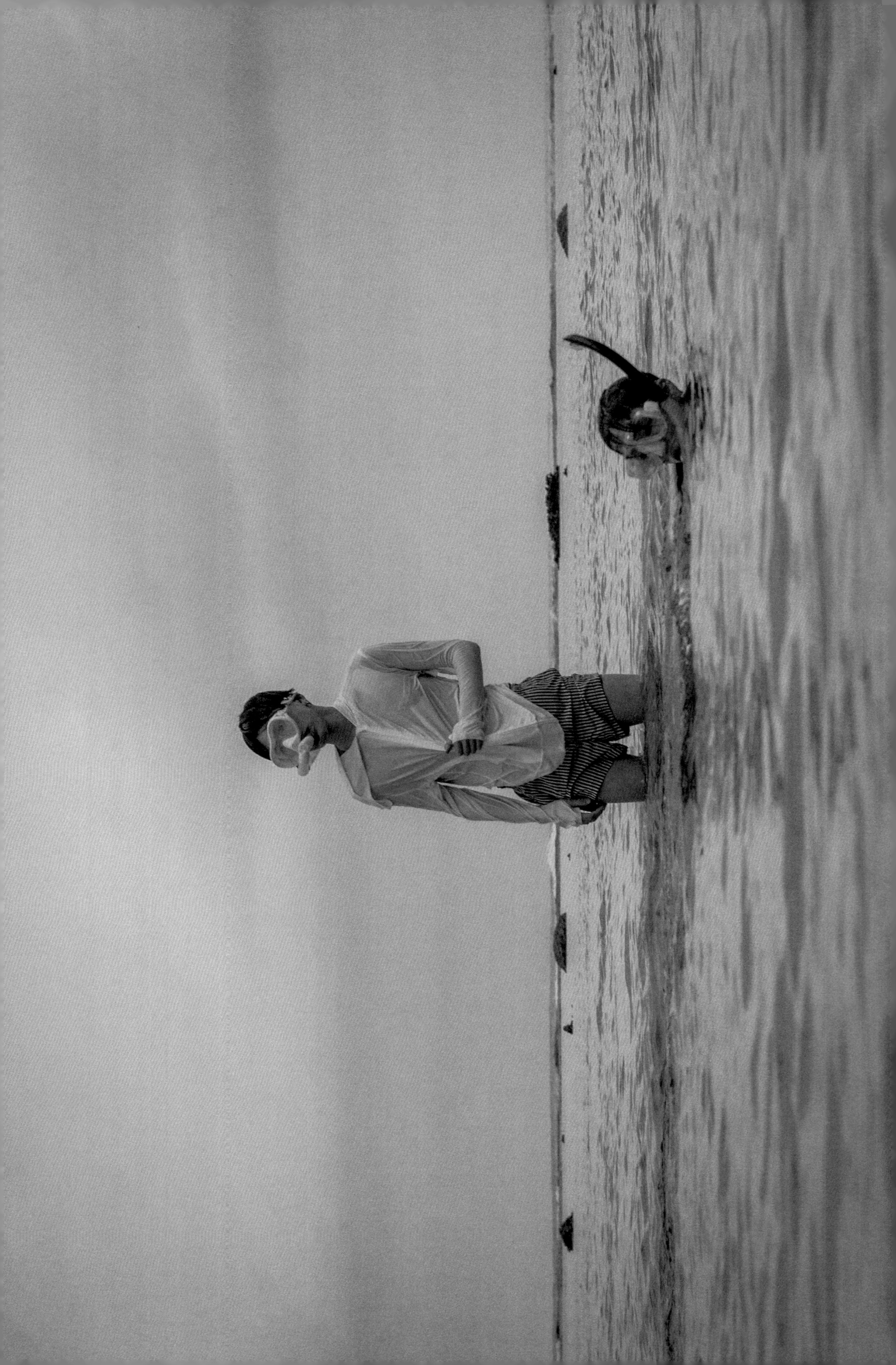

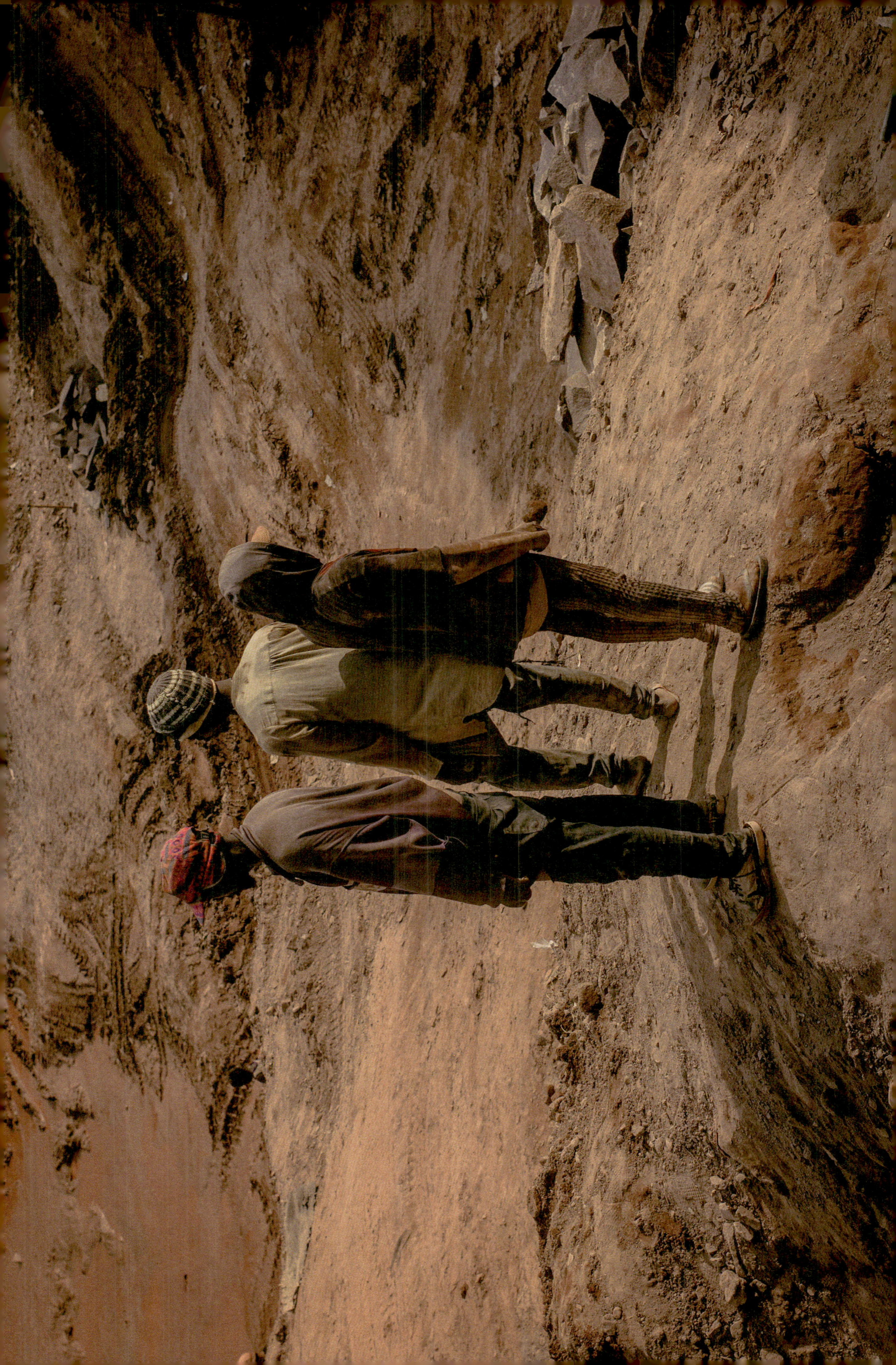

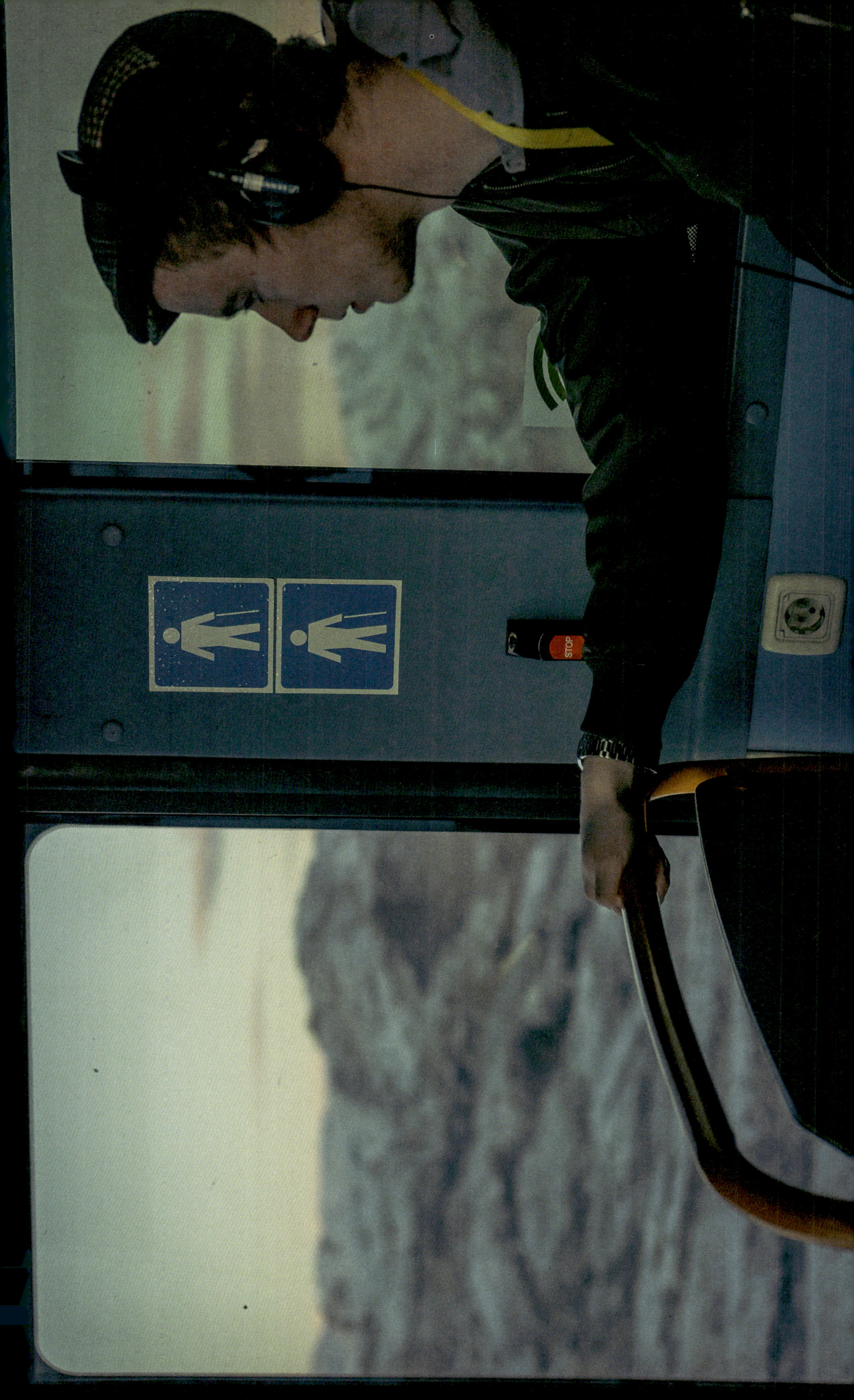
STOP

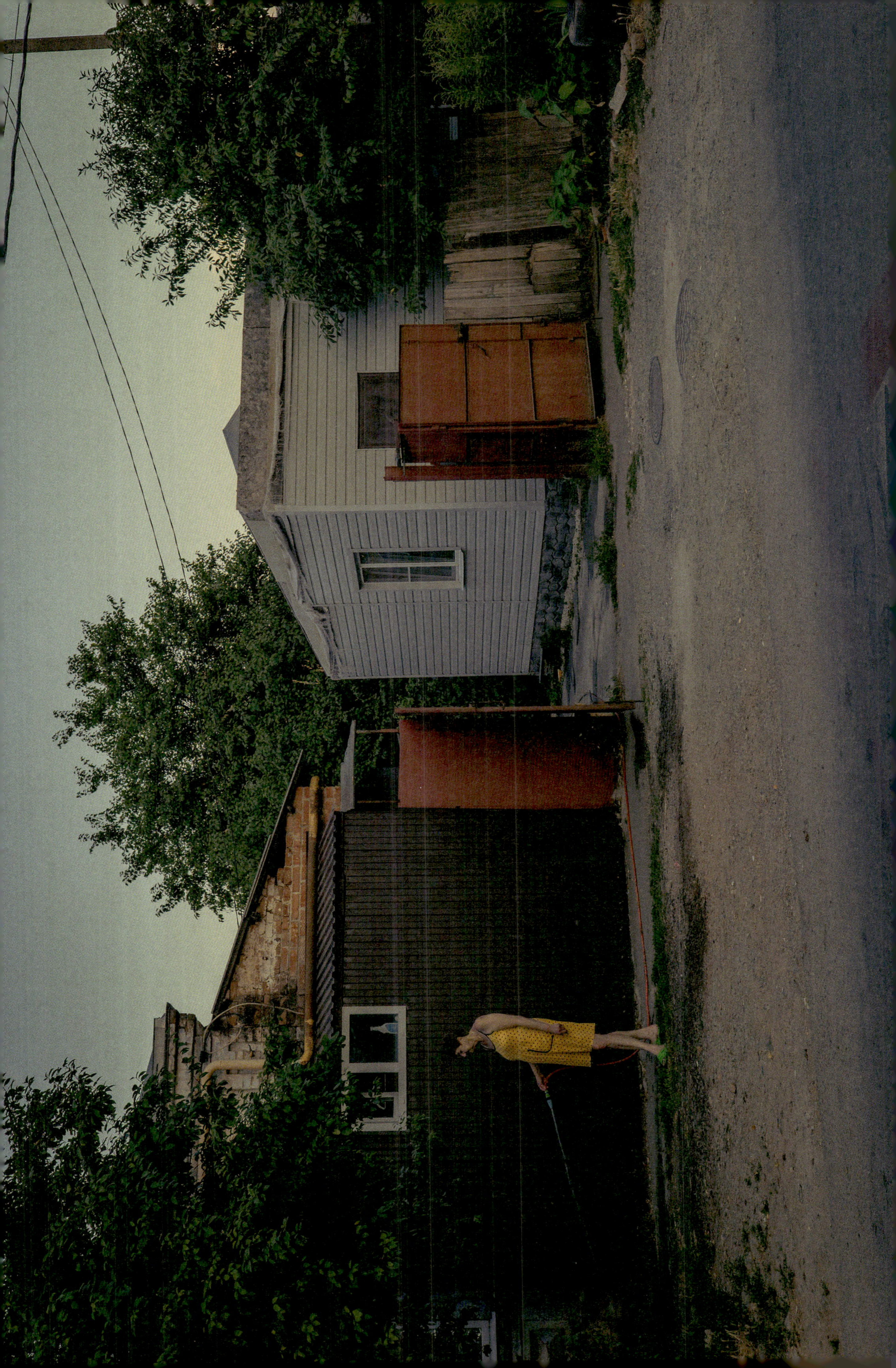

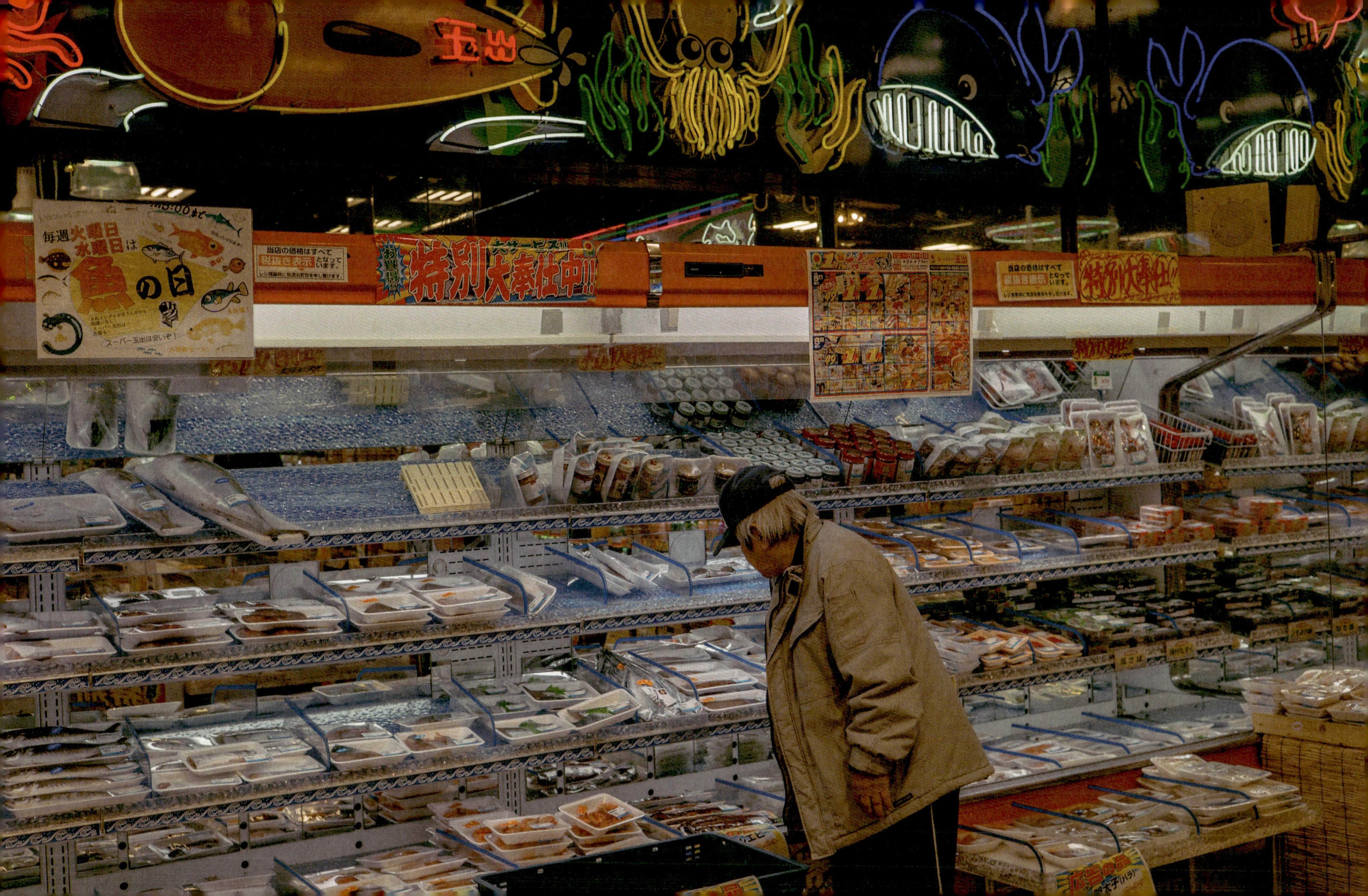
玉出
毎週火曜日水曜日は
魚の日
スーパー玉出は安いぞ!
当店の価格はすべて 税抜き表示 となっています。
特別大奉仕中!!

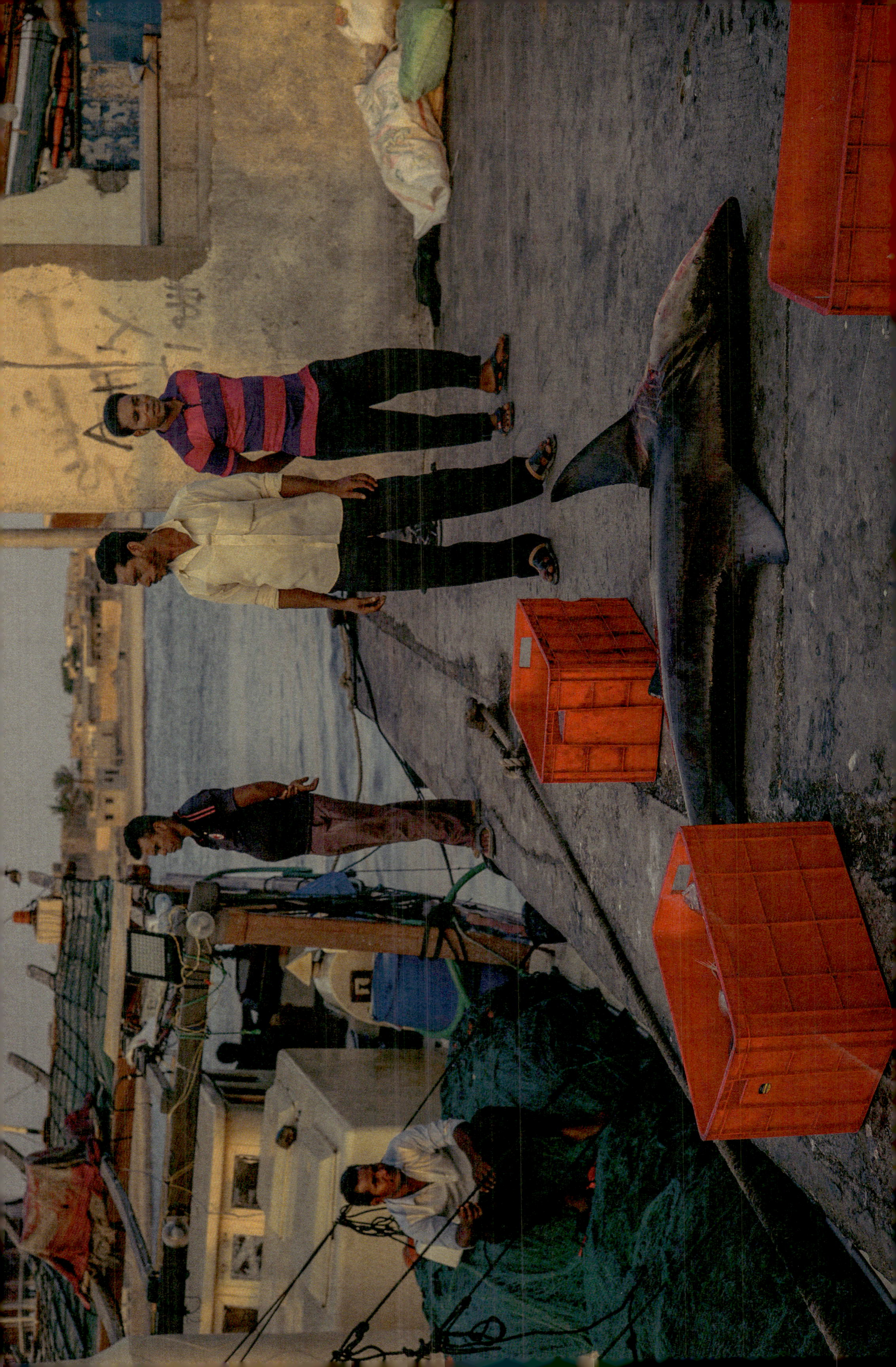

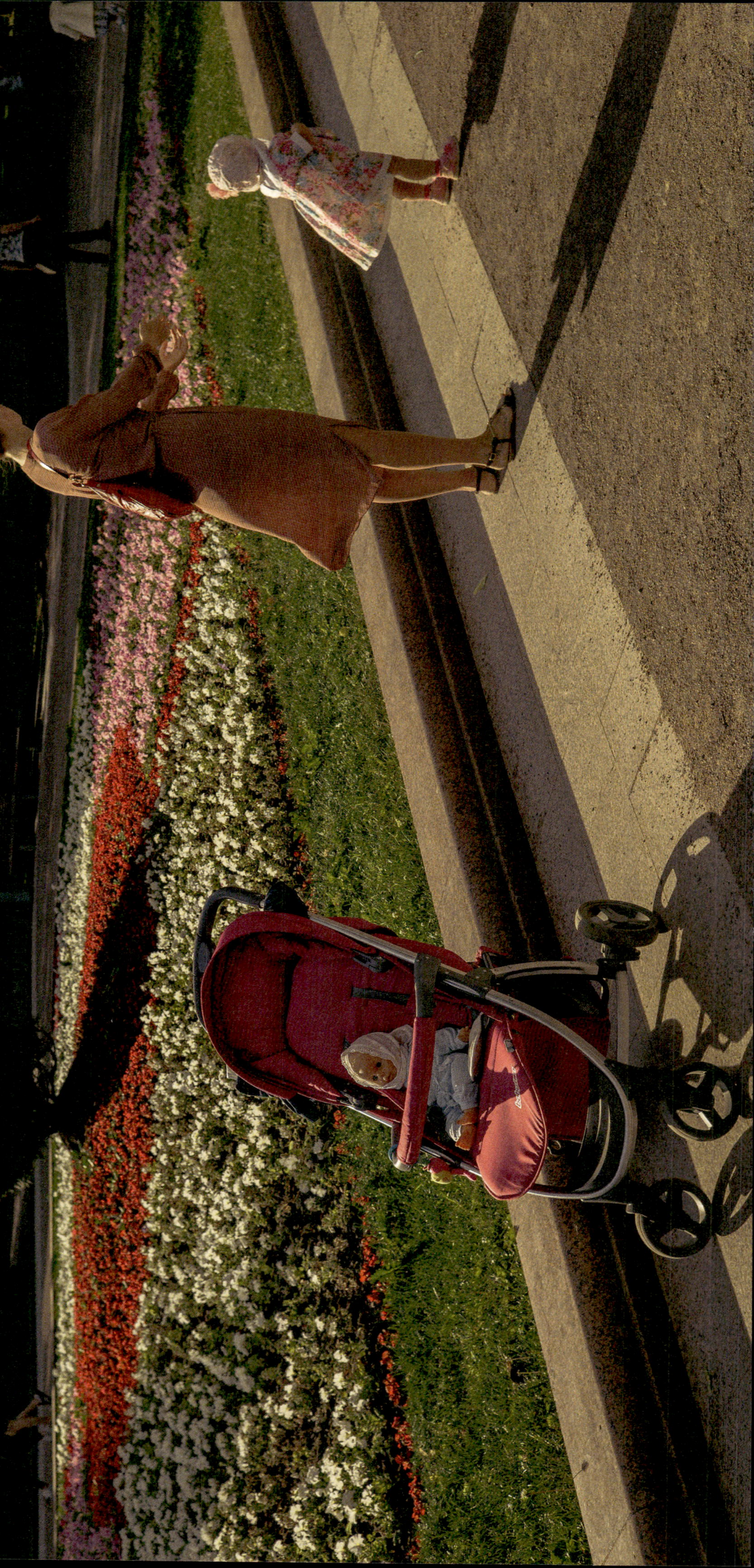

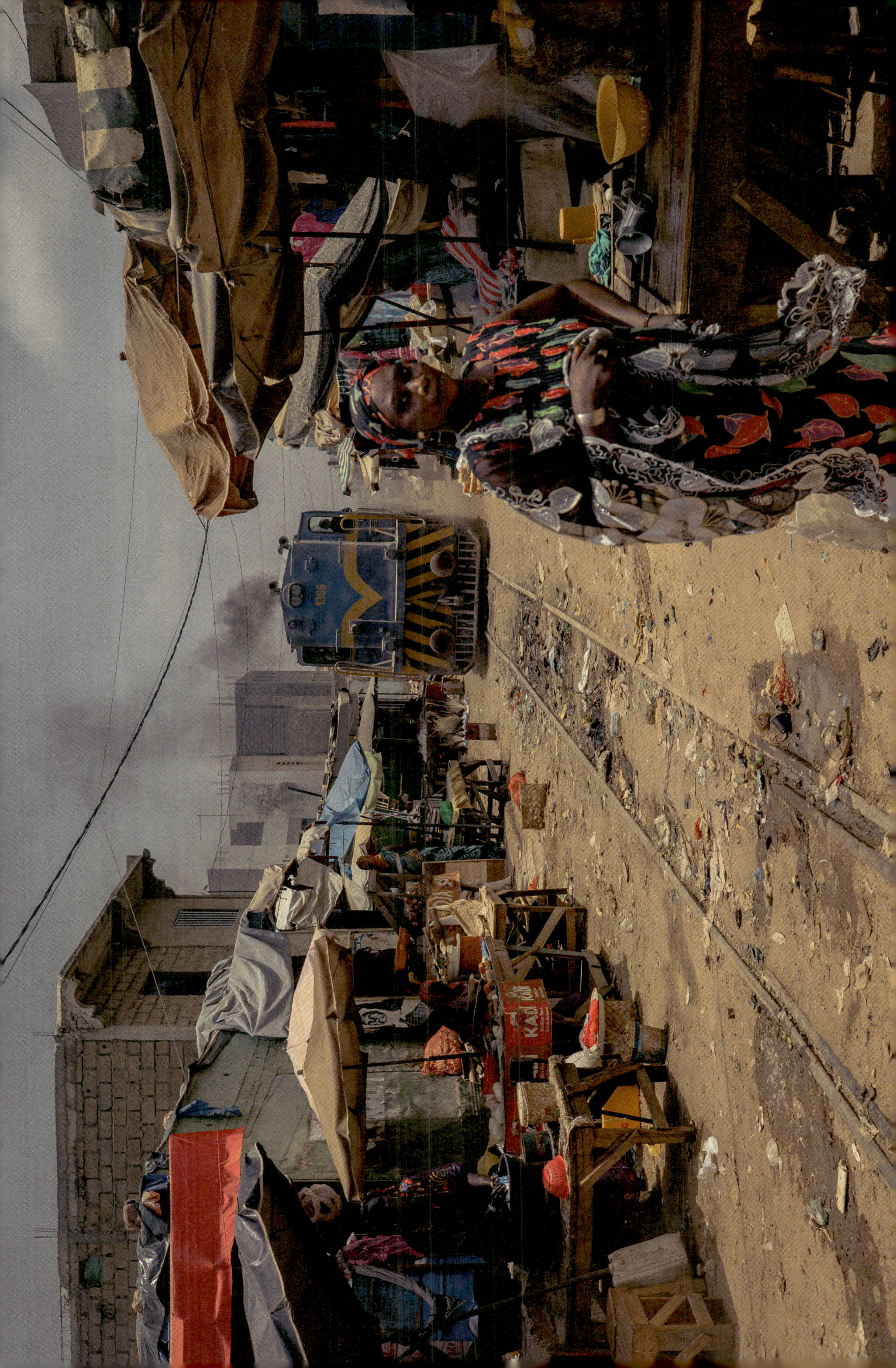

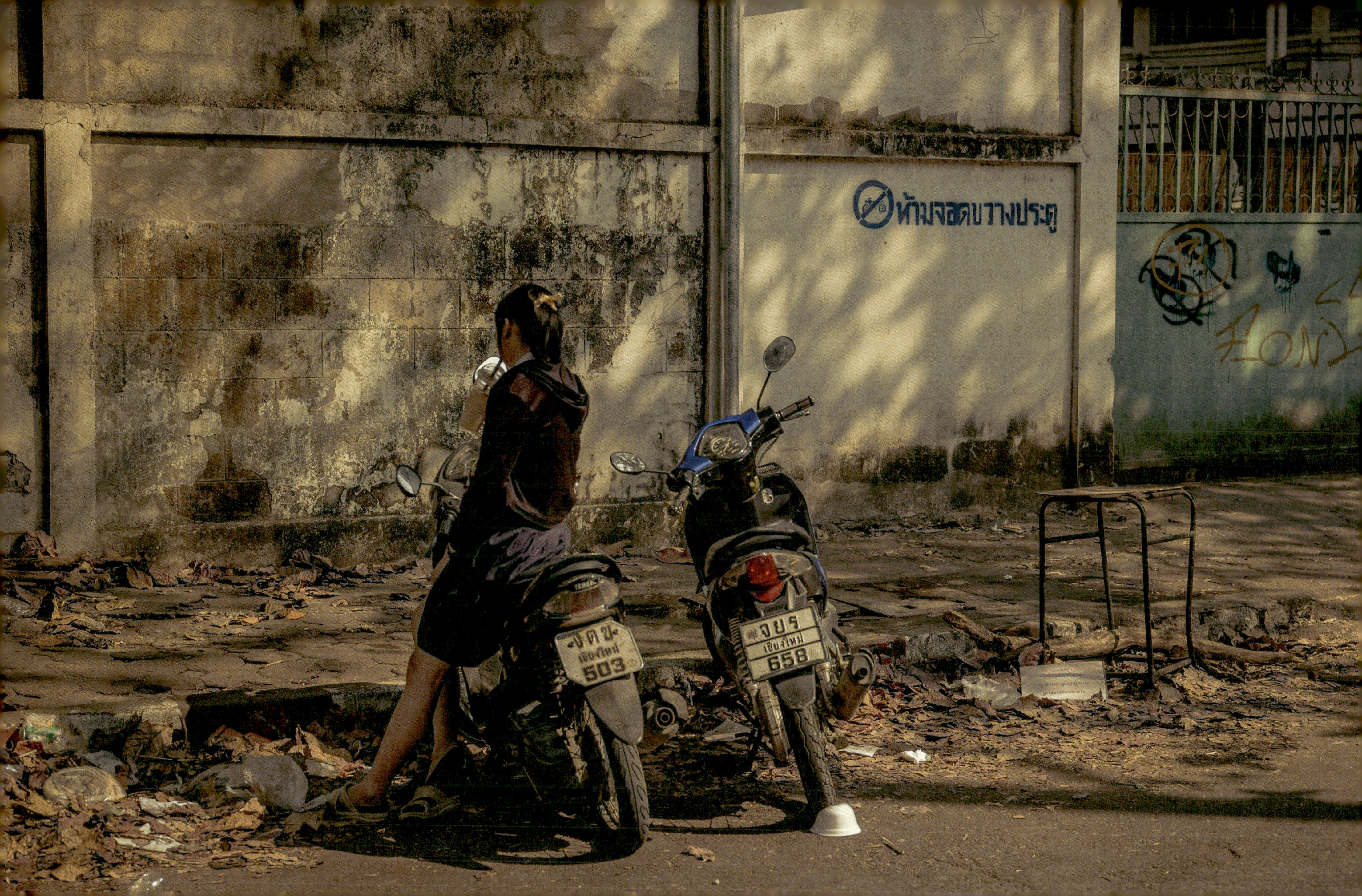
ห้ามจอดขวางประตู

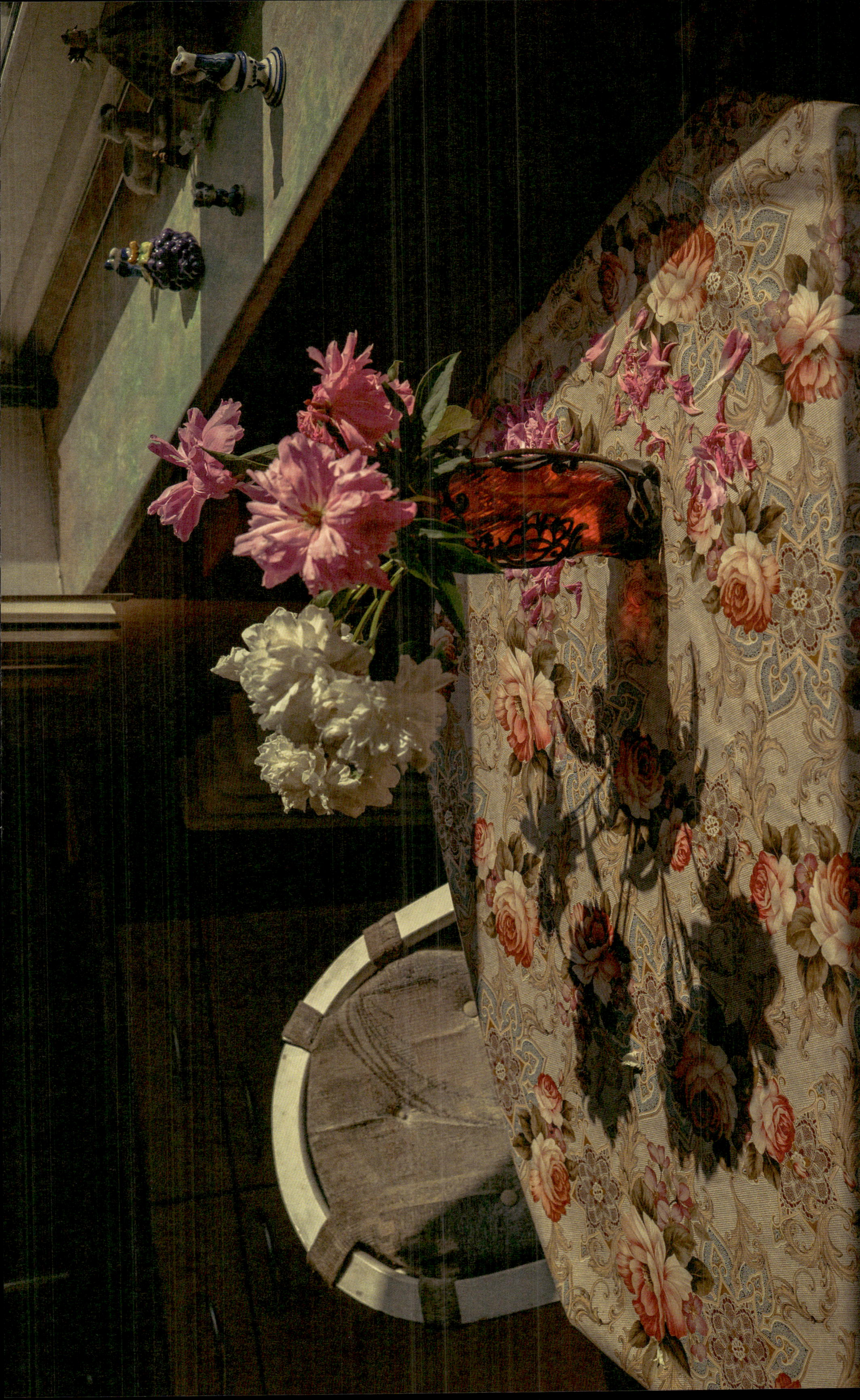

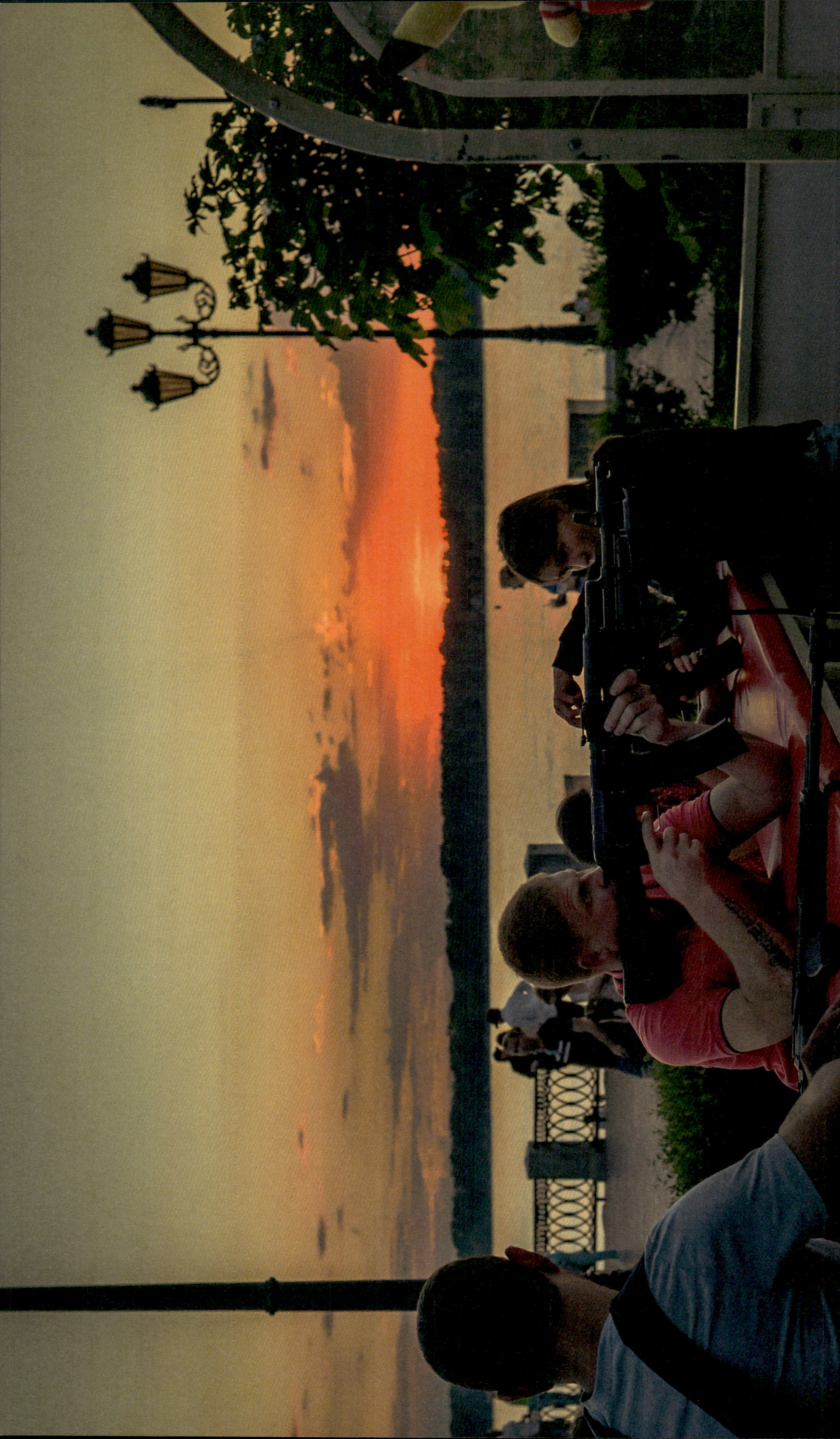

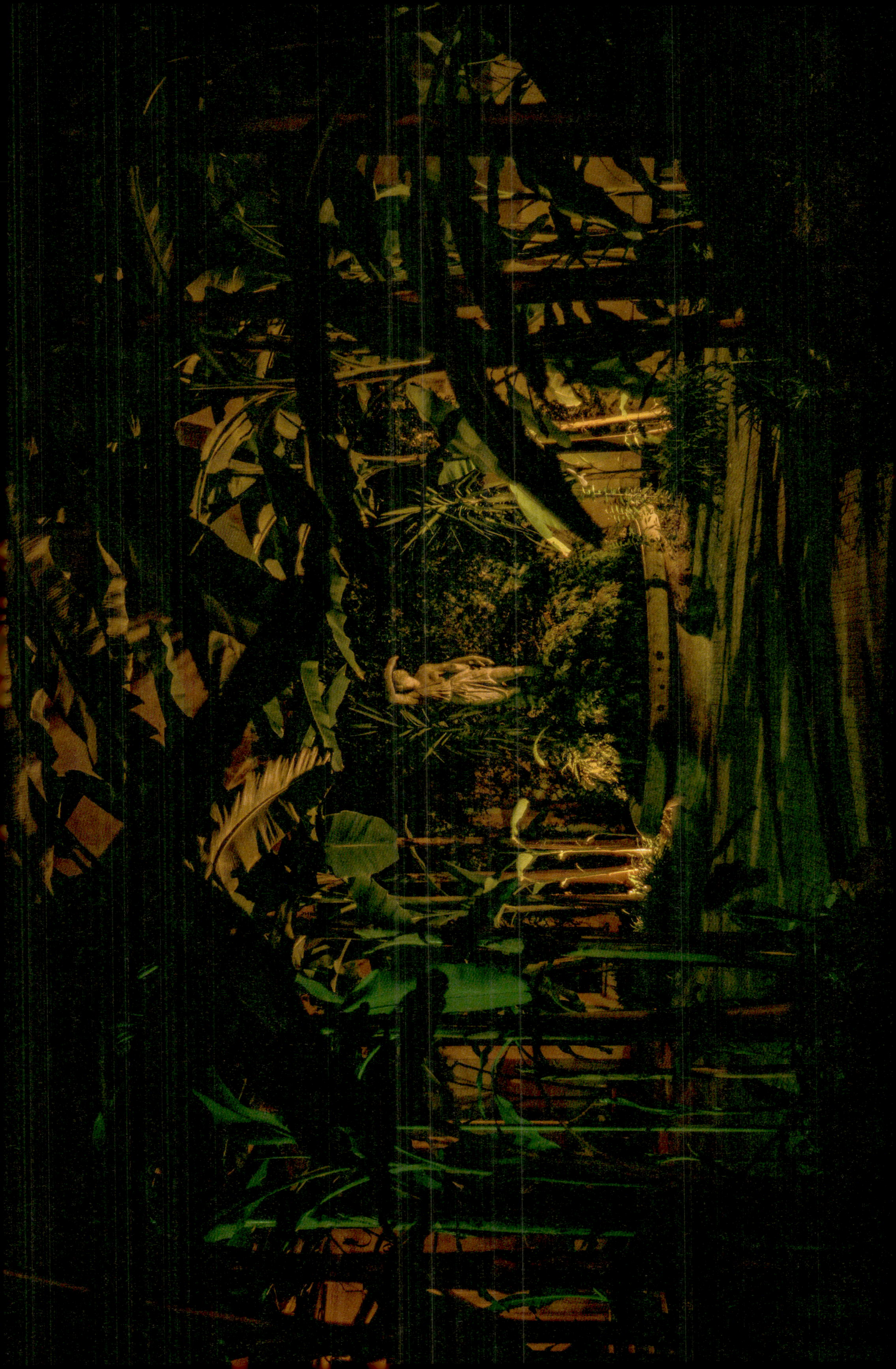

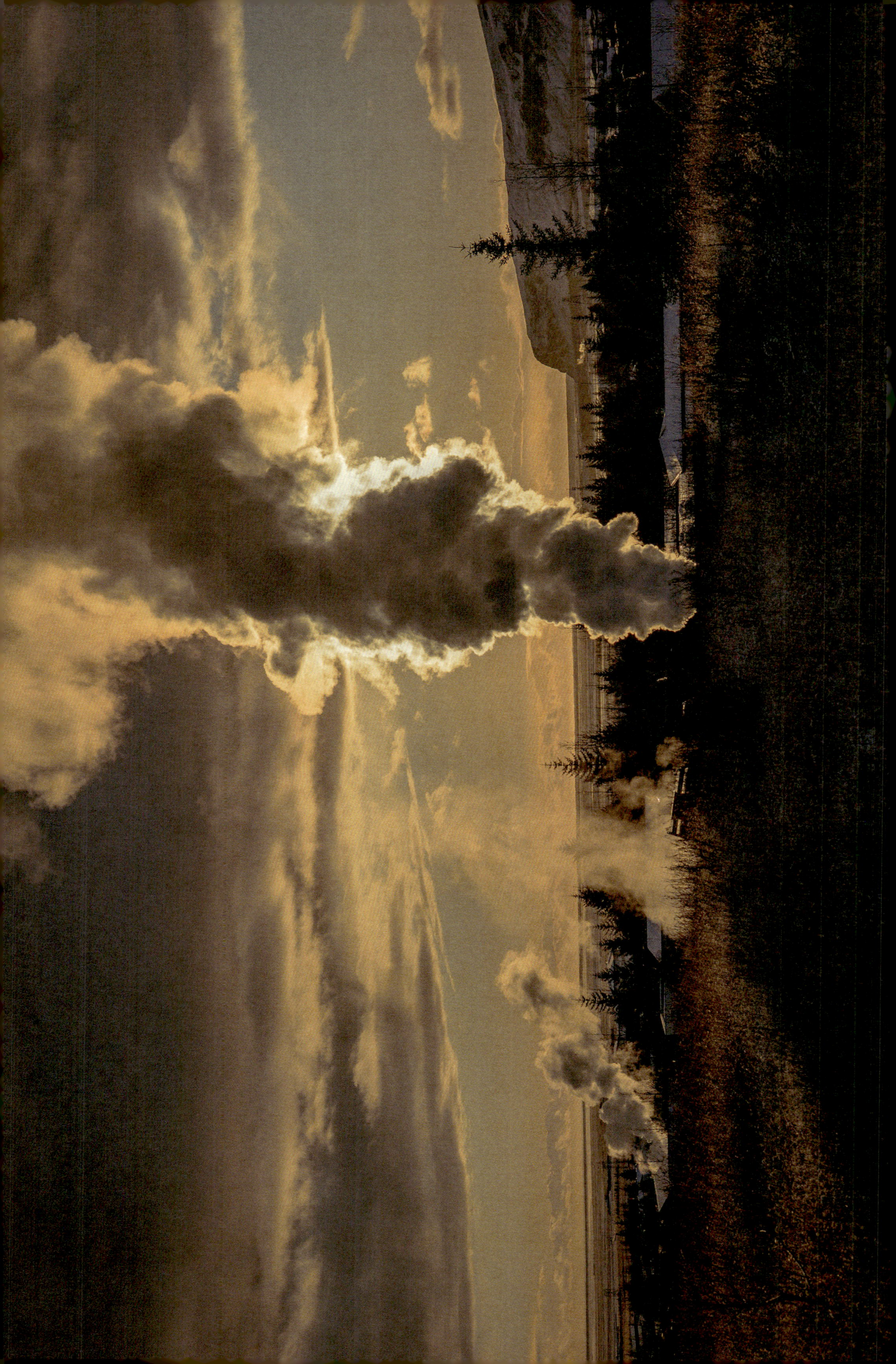

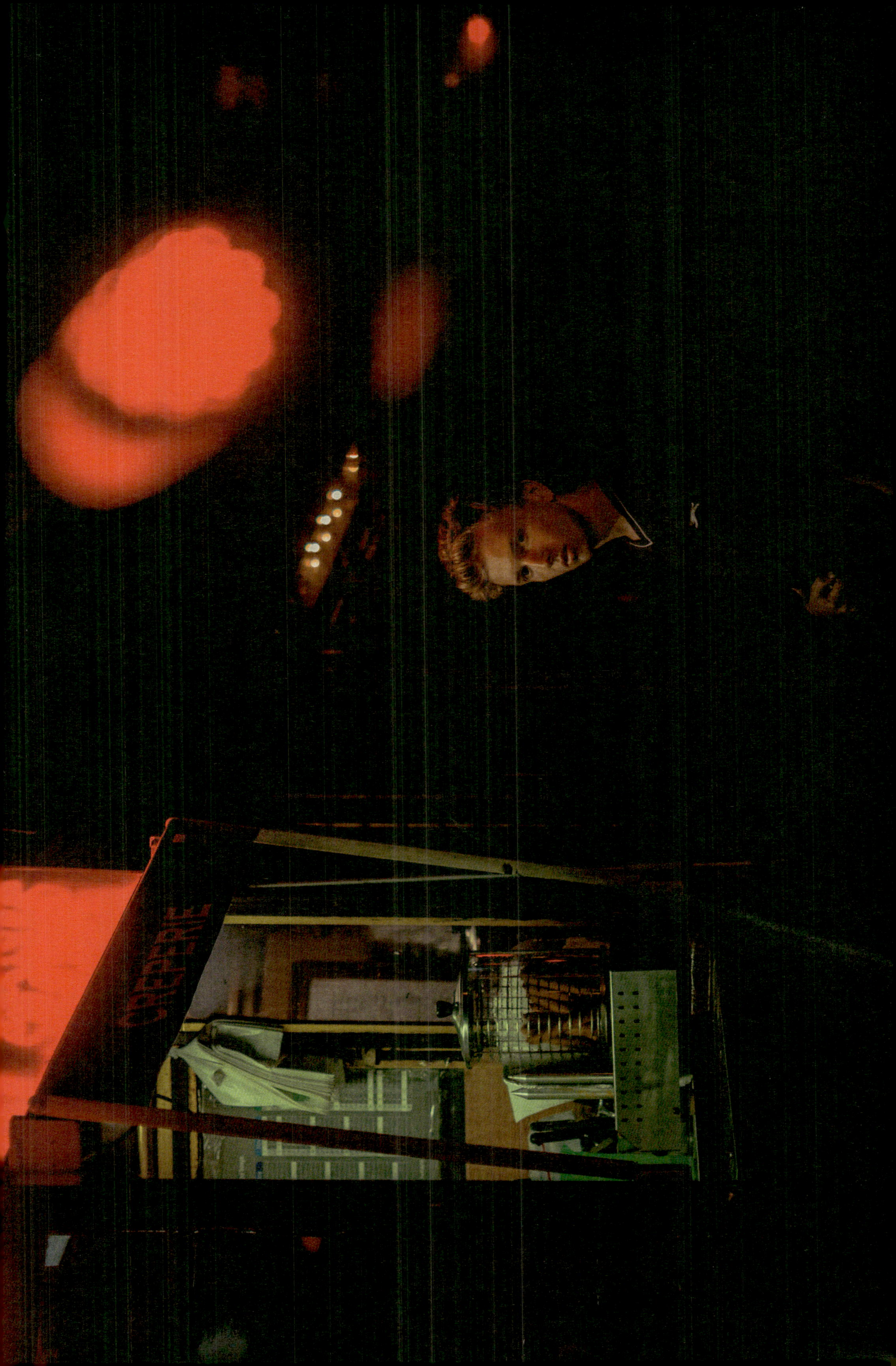
CREPERIE

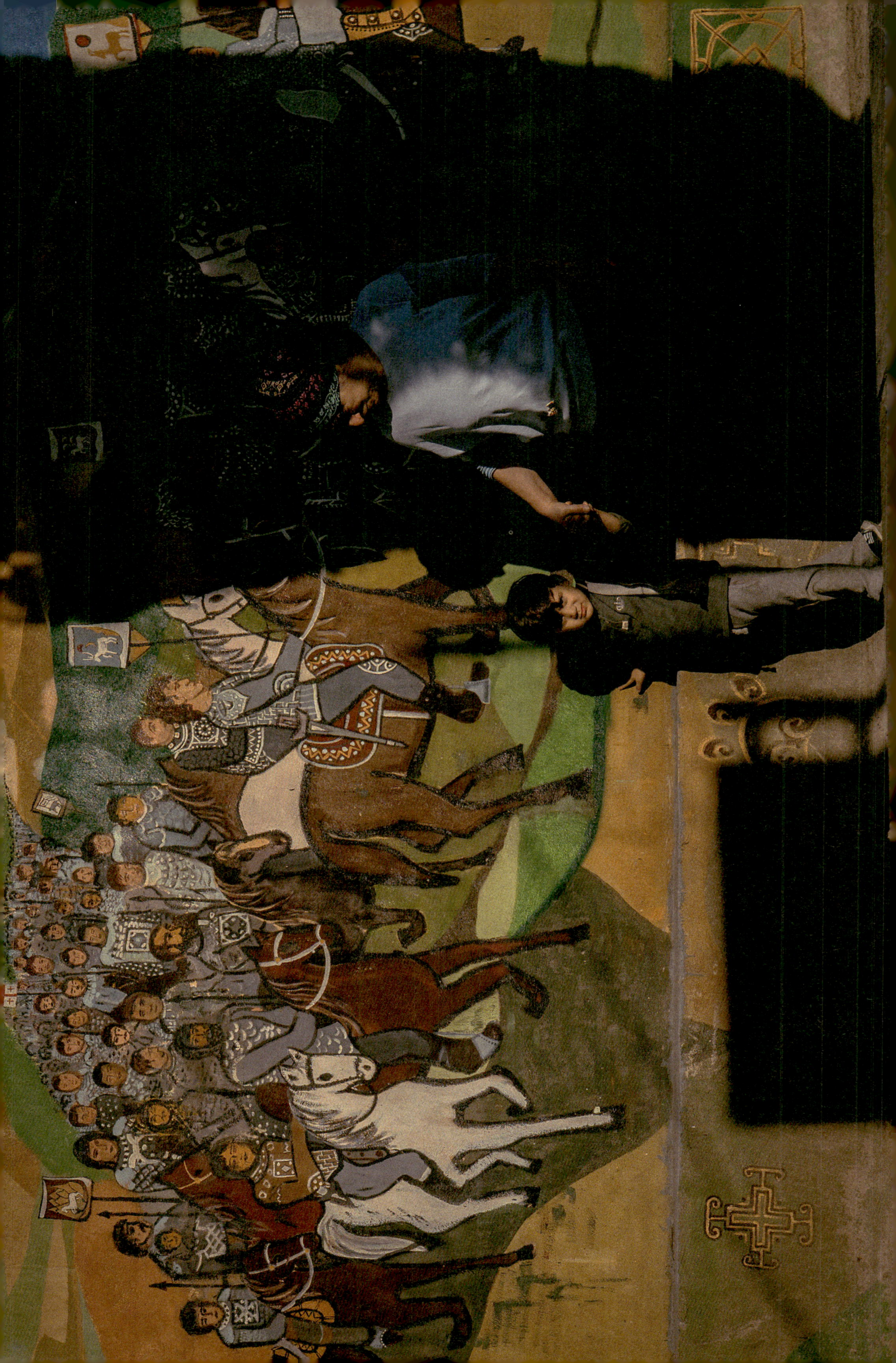

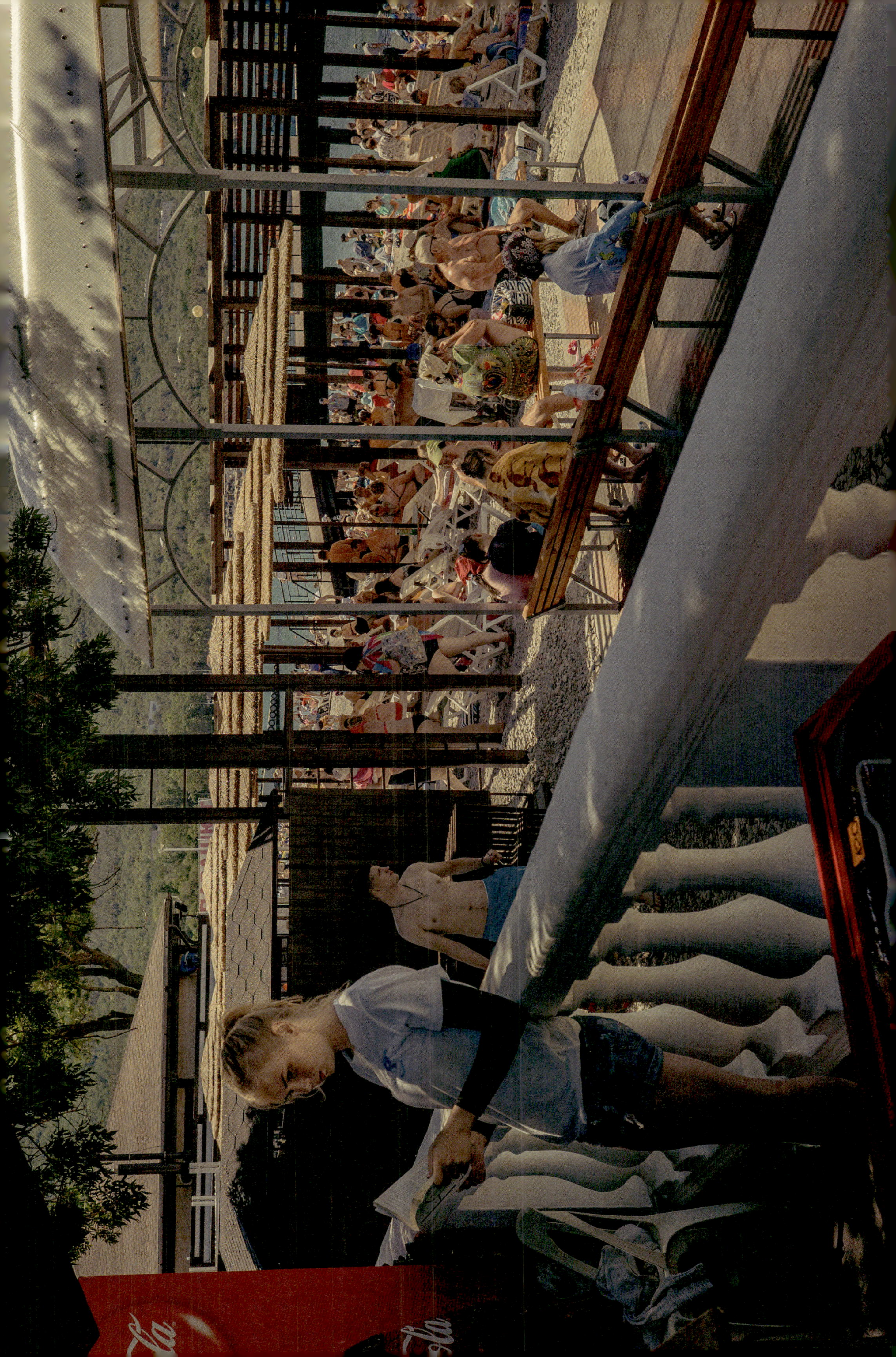

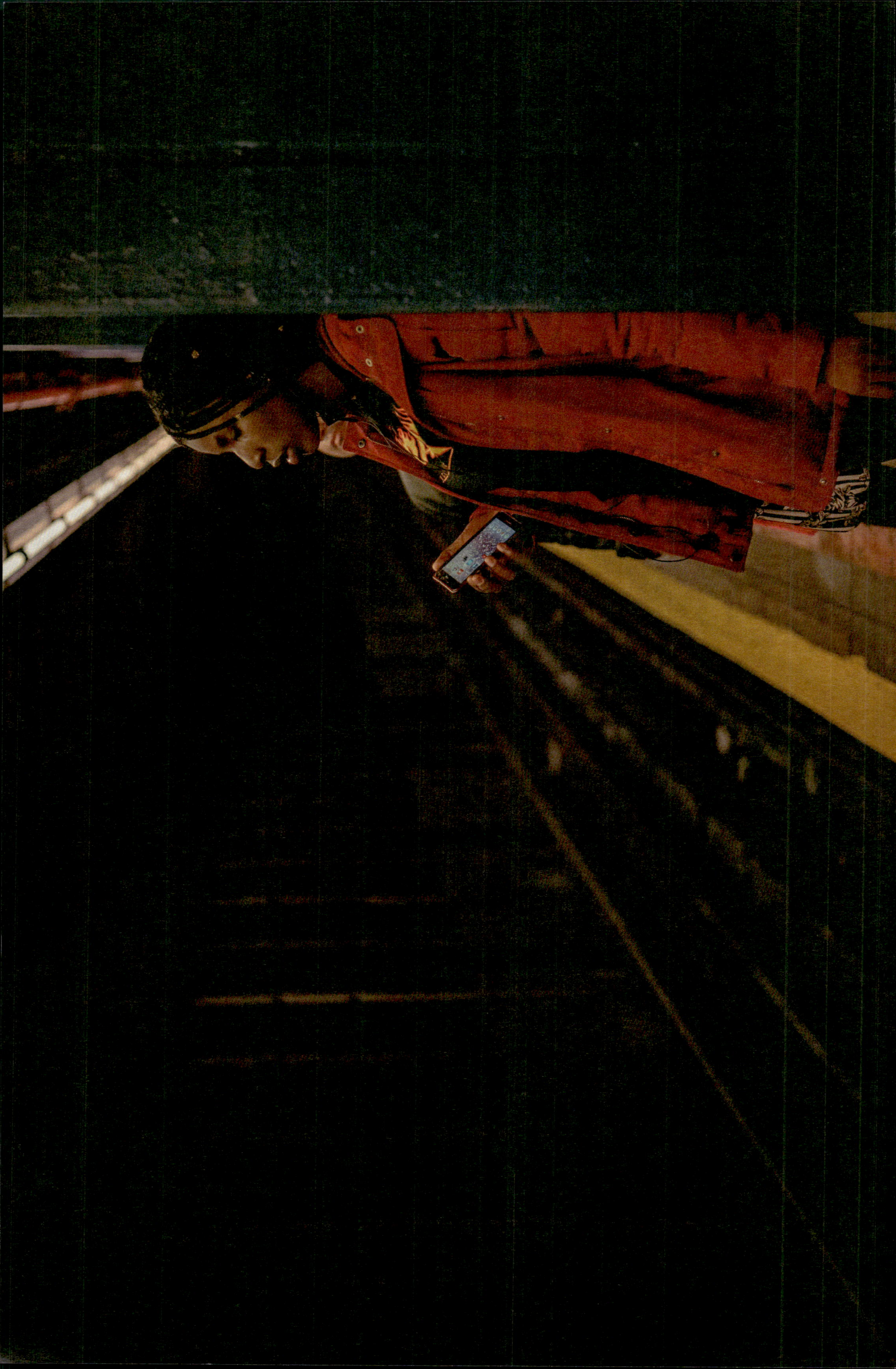

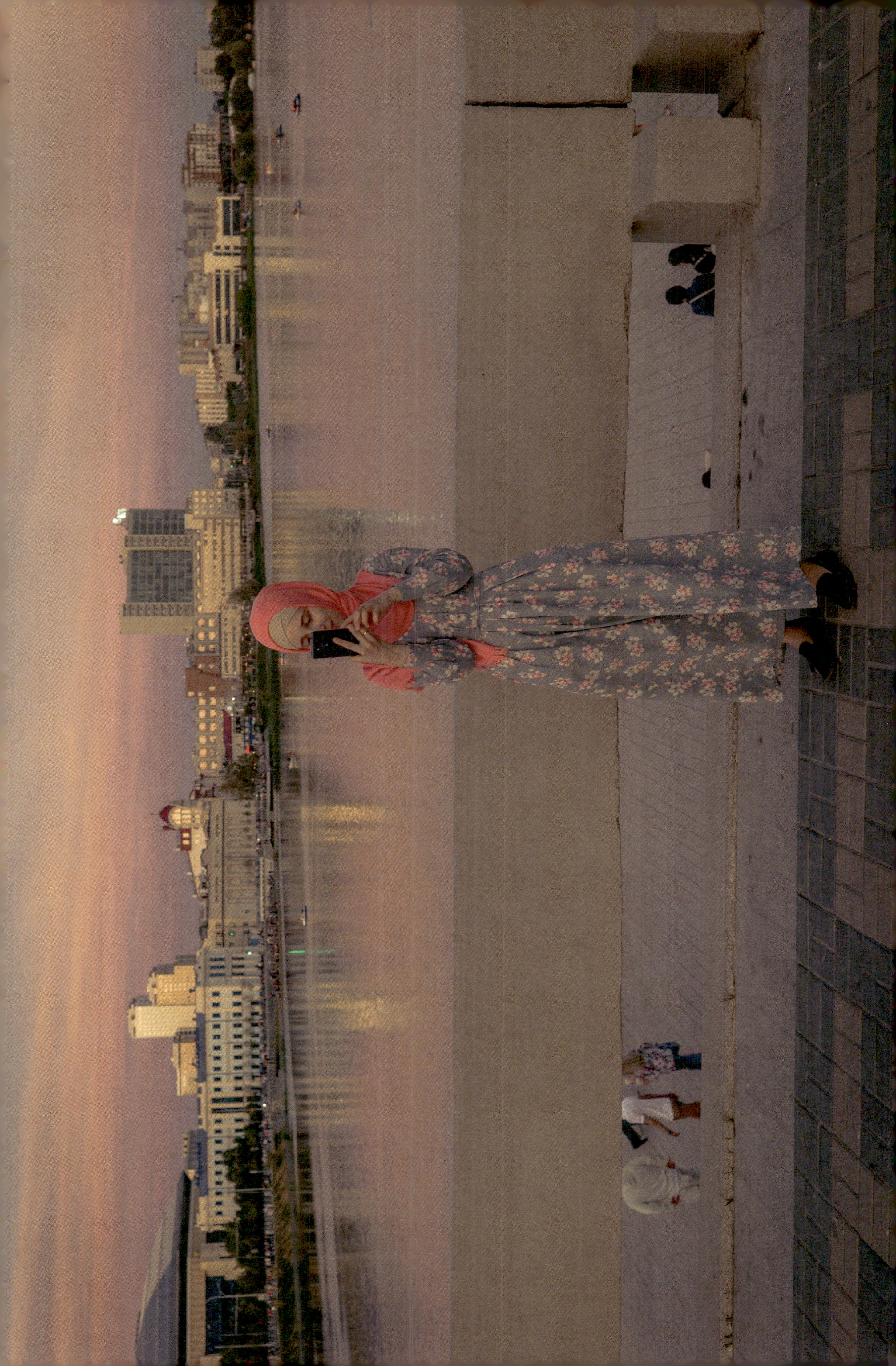

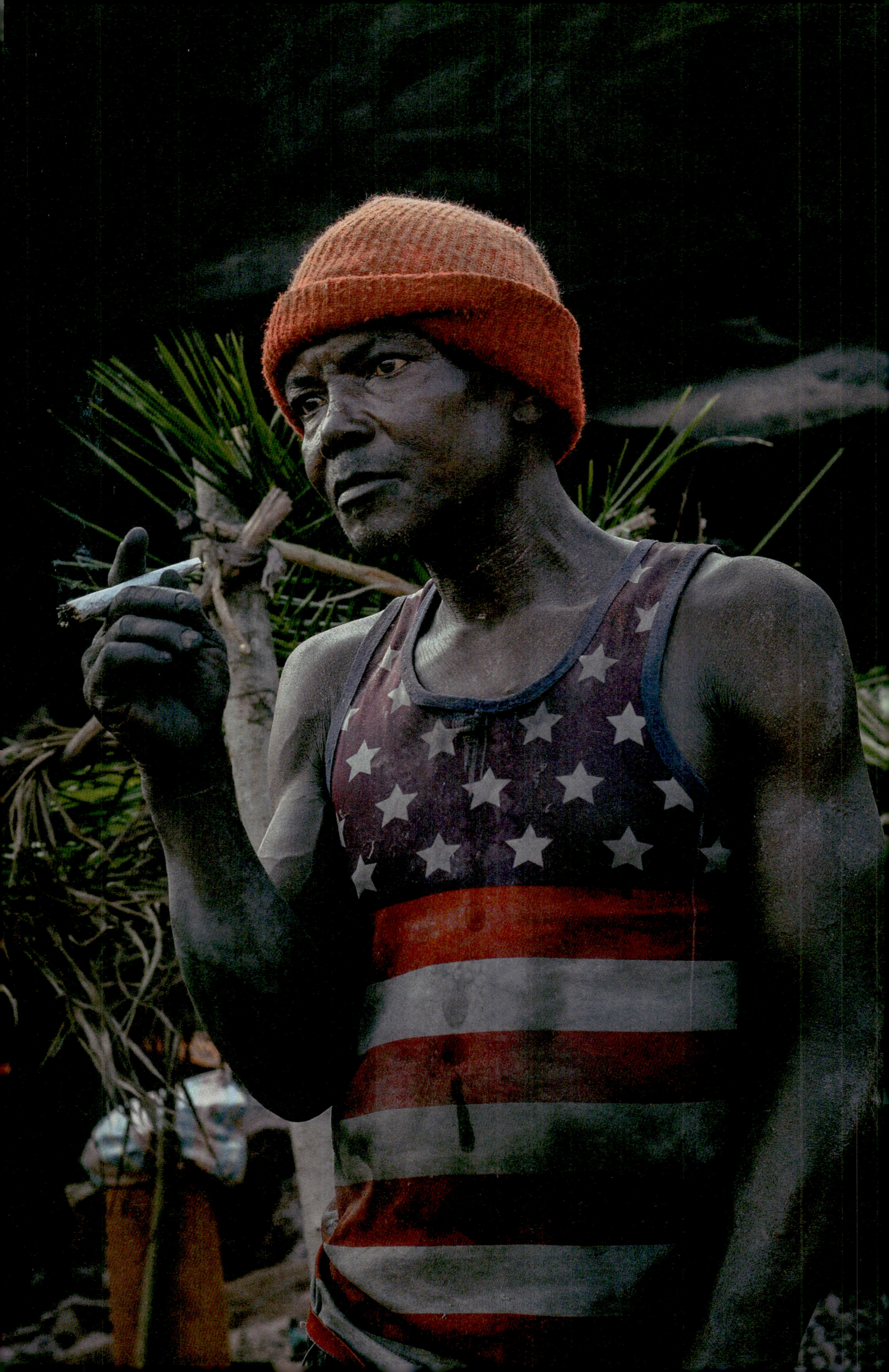

I spy

Have you ever wondered about the whites of your eyes? No other primates have them, you know. No other primates are social or vulnerable enough to reveal the direction in which they're looking. In the animal kingdom it would be much too dangerous to do so; too much of a risk to let others know what it is you're truly looking at. *I spy, with my little eye, something starting with "s"*. When playing, you should never look at the thing you spy with your little eye. Everybody knows it, except the smallest children. Our version of nature's necessary poker face has become a game to play in the car.

You and I

You and I, we've been looking at the same things, all this time; although it does not necessarily mean we have seen the same things. Our perspective is not the same. For one thing you're a full head taller than me. You look down at things more often than I do. You also look down on them more often than I do. After a while (a few months, or years) we also came to realize we didn't see colours the same way. Most people go through life without ever noticing it, and maybe we wouldn't have noticed either had there not been the issue of the black cup. You kept asking for the black cup; you kept saying, "Where's the black cup?" and sometimes, "Where's *my* black cup?"; although I'd bought the cup long before we'd met – proprietorship here derived from the fact that you often woke earlier than me, and got to choose your cup, and it is always that cup you chose. You liked the weight of it in your hand and its sheen in the morning light. The thing is, it's not black. Not black at all. It's a very dark green, but you don't see it that way. You simply can't see it.

For some reason, *dark green* seems more plausible, more truthful. *Black* sounds like you're missing something. I think I'd doubt myself more if, like you, I saw a black cup instead of a dark green cup. But you don't. You never doubt your senses. In fact you dismiss the whole thing altogether, assuming I'm seeing something that's not there. Something that's a dark, dark green, like a forest at night.

Foreignness

You feel very French, me not so much, although we were both born and raised here. When you're the child of an immigrant some of the foreignness experienced by your parent is passed on to you. Some of the longing. There is no migration without nostalgia – the people and the places you've left behind haunt you. Strangely enough the people and the places someone else has left, long before you were born, can *also* haunt you. They're relentless, and yet should you see them tomorrow, you wouldn't know them. There's nothing for you to recognize, you see; it's a pure past that to you never was present. This form of longing is a dark, dark green, almost black but not quite, and you can't see your own reflection in it. This form of longing is not something you can picture; it's more of a way of looking at things. Have you ever wondered what it felt like? Do you want me to show you?

A simple game

It's a simple game, really. Just look around you. What's the first thing you see? What's the most familiar thing around? Is it a port, is it a ferry? Is it a rubber glove or a face mask? Is it a magnolia flower? is it simply a stretch of water, no matter how large or small? (The smallest puddle can hold almost all of the sky.) Is *nothing* familiar? Can't you see at least a Coca-Cola can? Can't you at least see a human face? A human eye?

With my little eye

It's a simple game, really. Just look around you. Name the first thing you see. The more familiar, the better. A screen? Surely you must see a screen? We do look at screens a lot. We do touch them a lot. We stroke them. We touch screens much more frequently than we touch other people's cheeks. Andy Warhol never went anywhere without his Polaroid camera. He also had a tape recorder. One of these machines he called *his wife*.

Do you see clear skies? A sunset, maybe? I once read that we didn't know what fog was until someone painted it. We simply couldn't see it before art made it visible. But what about the first person who decided to commit it to canvas? How come he – I'm assuming he was a *he* – saw it when others couldn't? Or maybe fog was not something you saw so much as someplace you got lost in: blindness in three dimensions, blindness you inhaled, that seeped into your bones – damp blindness, with a peculiar taste?

What about sunsets, I wonder? I've tried to find out when the first sunset was painted. It turns out it's uncertain. All the more so as a crushed mulberry smeared on a rock thousands of years ago could quite well, in fact, turn out to have been a sunset on the hills.

You kept saying that smog creates beautiful sunsets. Extraordinary pinks and yellows.

Wheezing lungs and teary, bloodshot eyes, the air you breathe just might kill you – *but what sunsets*. It's something they're used to saying in California, and it's a well-known fact that we all speak Californese. We're steeped in their language; to some extent it has shaped us, has shaped our way of thinking – even if we've never set foot there. It's in the air, so to speak. Personally I've never seen this as a problem; but then it's true that I use borrowed languages all the time. And I, for one, love speaking in quotes. I feel at home in other people's words, while most of the time I can't even be sure what language I dream in, mine or my father's.
Or perhaps Californese? *William Ascroft, painter of sunsets in the 1880s, suggested an almost secretarial role, saying he "could only secure in a kind of chromatic shorthand the heart of the effect".*

An almost secretarial role

An almost secretarial role – that's exactly how I want you to look at things now. Tell me what you see, then define it. *A port is a place where ships load and unload cargo or shelter from storms. A ferry is a boat, hovercraft, etc., that carries people and goods across a stretch of water. Rubber is a tough elastic substance made from the milky juice of certain plants, or synthetically. A mask is a pad of sterile material worn over the mouth and nose, e.g. by doctors and nurses during a surgical operation, to protect against infection. Water is liquid without colour, smell or taste that falls as rain, is in lakes, rivers and seas, and is used for drinking, washing, etc. The eye is the organ of sight.*

Aesthetically enhanced asthma

It's not true, by the way. That smog creates beautiful sunsets. It's something we've chosen to believe; something we keep telling each other because it somehow makes the polluted air more breathable. Wishful thinking. In a way it's similar to the way nostalgia operates. Little by little you grow certain that what you've lost was more vivid, more breathable, even if what you've lost is precisely what you fled, precisely what almost killed you. *But what sunsets!* you think.
Of course that too is false.

With your little eye

It is my profound belief, derived from both experience and observation, that we can inherit a sense of longing, a sense of loss. Oftentimes this is met with disbelief. Can you truly miss something you've never known? People doubt it. I'm left with the feeling that I'm seeing something that is a dark, dark shade of green, while you insist it's nothing but black. That's the reason why I've devised this game.

It's a simple game, really. Tell me what you see, then define it. *A port is a place where ships load and unload cargo or shelter from storms; a ferry is a boat, hovercraft, etc., that carries people and goods across a stretch of water; rubber is a tough elastic substance made from the milky juice of certain plants, or synthetically.* Now switch to the past tense. *A mask was a pad of sterile material worn over the mouth and nose, e.g. by doctors and nurses during a surgical operation, to protect against infection.*

A screen was a blank surface, esp. on a TV or computer monitor, on which pictures or data were shown.

A magnolia was a tree with large sweet-smelling wax-like flowers, usu. white or pink.

Water was liquid without colour, smell or taste that fell as rain, was in lakes, rivers and seas, and was used for drinking, washing, etc.

Friendship was the feeling or relationship between friends.

Love was a warm liking or affection; affectionate devotion.

The eye was the organ of sight.

See? Now you too have lost a world you didn't know was yours.